I0698659

Descobertas
Seu mapa

Aprenda uma metodologia para levar sua empresa ao próximo nível de sucesso.

Faider Andrade Solarte

@encuentratumapa
www.encuentratumapa.com faider@encuentratumapa.com

Resumo

Espero que este livro seja uma valiosa fonte de inspiração para o leitor! Baseada em experiências pessoais, onde foram enfrentados vários obstáculos tanto a nível empresarial como desportivo, a história oferece uma metodologia transversal. O objetivo é que cada leitor encontre utilidade nesta metodologia e se sinta motivado a perseguir seus sonhos e objetivos de vida. A combinação de experiências reais e lições aprendidas fornece orientações práticas que podem ser aplicadas a diversas áreas da vida. Que esta história inspire você a alcançar o sucesso em seus próprios empreendimentos e objetivos!

Direitos autorais:

ISBN: 9798871846070
Selo: Independentemente Publicados

Dedicação

Este livro é dedicado a quem o empreende pela primeira vez e, principalmente, a quem não desiste, por mais que continue tentando, pois o sucesso está naquele que continua na batalha, não naquele que está já fiz. desisti.

Obrigado

Primeiramente agradeço a Deus pelas experiências que me permitiu viver, aos funcionários que trabalharam comigo no Launica , aos atletas e treinadores que fizeram parte dessa história.

Tabela de conteúdo

Introdução

O mundo anseia por histórias que emergem de anos de experiências diversas, dando origem a sucessos notáveis. Este livro resume uma jornada que alcançou um marco aparentemente irreal: um aumento nas vendas que ultrapassou 2.000% em apenas 20 meses. Ao cumprir este propósito, a meta foi elevada 10 vezes mais do que o alcançado, concretizando novas ideias para atingir a nova meta de crescimento.

Mais do que expor as ações e decisões que levaram a essa conquista, esta narrativa nasce da responsabilidade de inspirar gestores e empreendedores, contribuindo para o desenvolvimento de suas visões e objetivos.

Para fins de simplicidade, são apresentados conhecimentos moldados a partir de conceitos extraídos de diversos autores e professores ao longo da vida. Este testemunho real e prático oferece uma metodologia redesenhada que demonstra que "tudo" é alcançável com determinação.

Na primeira parte você mergulhará em uma experiência pessoal: a jornada de negócios que começa na cachoeira La Joaquina, em Sandoná, Nariño. Após quatro subidas, chega-se a esta maravilha natural rodeada de exuberância. Embora as três primeiras subidas não tenham tido sucesso, cada uma delas foi repleta de experiências valiosas, comparáveis à busca de um mapa vital para atingir grandes objetivos.

A segunda parte revela a aplicação da metodologia Vimas , fundamental para os extraordinários resultados aqui narrados. Esta sigla, que representa visão, objetivos, atividades a executar e monitoramento, é disponibilizada para que você possa aplicá-la em seus próprios negócios e atividades profissionais.

A terceira parte explora outros mapas e experiências, trazendo princípios e ideias para o campo esportivo. A premissa principal é clara: diferentes mapas podem levar ao sucesso na vida.

A quarta parte serve de prelúdio para um volume mais extenso, onde são compartilhados aprendizados de empreendedores que construíram impérios. Procura abordar preocupações persistentes sobre a razão pela qual alguns alcançam grandes sucessos em comparação com empreendimentos mais pequenos.

O encerramento do livro concentra-se na prevenção de erros, oferecendo lições valiosas sobre como reside a sabedoria humana na superação de obstáculos durante a expansão.

Prefácio

São dez da noite, o frio penetra pelas frestas da janela. Já se passou uma semana desde o chamado interno que tive para escrever este livro. Alguns acreditarão que foi um chamado de Deus, enquanto outros argumentarão que foi uma comunicação com o outro eu, o ser interior, ou que o universo conspirou para me levar a me dedicar a este trabalho.

A responsabilidade de escrever este livro tornou-se cada vez mais imperativa. Não poderia continuar adiando o confronto com esta página em branco, encarando os capítulos como um desafio intransponível. Finalmente, tomei a decisão e me concentrei em começar a escrever. O que se segue é o resultado dessa decisão.

No terminal de transporte, esperando cinco horas pela viagem e a apenas duas horas do embarque, mergulhei no conteúdo do meu celular. Naquele momento, uma pequena voz interior me levou a agir. Lembrei-me de situações semelhantes no passado, tempos em que livros fascinantes se perdiam nas prateleiras esquecidas da minha memória.

Desta vez foi diferente; As diversas experiências de vida me levaram a um mapa do tesouro. Este mapa, para o propósito deste escrito, tem como objetivo guiá-lo ao maravilhoso tesouro que também o espera.

Parte Um Encontrando o Mapa

A busca no mapa

Nunca sabemos ao certo quando começa a nossa busca pelo mapa. Ao longo da vida, descobrimos que não se trata apenas de encontrar um mapa, mas de descobrir múltiplos mapas. Estes mapas têm a particularidade de nos guiar do ponto A ao ponto B, do nosso ponto de partida até onde queremos ir, traçando o caminho até um tesouro escondido, algo que valorizamos profundamente.

Com a aquisição de experiência, esses mapas tornam-se mais precisos. A rapidez com que você encontra o mapa, seja nos primeiros anos ou depois de algumas décadas, depende da habilidade que desenvolvemos, juntamente com sua determinação e persistência, para atingir objetivos genuínos.

No começo, eu não sabia que precisava de um mapa. Foi só aos quarenta anos, depois de participar em empreendimentos onde admito não ter cultivado suficientemente a minha determinação e persistência, que compreendi que grande parte da minha vida foi dedicada ao desenvolvimento daquele mapa. Como cartógrafo especialista, venho traçando meu próprio caminho para alcançar sonhos e propósitos.

Agora, caro leitor, você tem diante de você um trabalho que espero que lhe economize tempo, permitindo que você tome atitudes com maior confiança desde o início. Embora as minhas palavras possam soar dirigidas a um público jovem, quero deixar claro que isto não deve desanimar aqueles que já passaram dessa fase da vida. Grandes empresários como Ray Kroc e Coronel Sanders, fundadores do McDonald's e do Kentucky Fried Chicken (KFC), respectivamente, mostraram que a idade não é desculpa. Quer você se considere muito jovem, pense que ainda tem tempo ou pense que está muito velho, suas histórias ensinam que nunca é tarde para iniciar um novo caminho para o sucesso.

O que para alguns pode ser uma desculpa perfeita, para outros torna-se o catalisador do sucesso. A verdadeira limitação sempre residiu dentro de você, assim como a oportunidade para um novo começo. Neste momento, a experiência é menos relevante do que nunca; O crucial é encontrar o mapa que o guiará em direção aos seus objetivos.

A busca começou e começa desde o seu nascimento, e até antes, mas é a partir do momento em que começamos a tomar consciência que realmente começa a busca pelo mapa.

Comecei minha busca muito cedo, por volta dos oito anos. Sendo o filho mais velho, assumi responsabilidades nos negócios da família quando criança, ajudando em tarefas que estavam dentro das minhas capacidades para apoiar os esforços empreendedores dos meus pais. Foi assim que começou minha jornada no mundo dos negócios.

A riqueza histórica que acompanha a sua história pessoal foi fundamental para a construção do seu mapa de vida. Deixe-me ser mais claro: quem você é agora é o resultado de todas as suas experiências, tanto positivas quanto negativas. Graças a essas experiências, você se tornou o ser humano maravilhoso que é hoje.

Você tem um potencial incrível que, ao ler este livro, se identificará com pontos de reflexão onde valorizará os momentos de sucesso que viveu em sua vida.

O policial se aproxima para pedir meu número de identificação no terminal, um procedimento rotineiro que me tira momentaneamente dos pensamentos.

Essa situação me faz refletir sobre como diferentes períodos da vida são cruciais para a construção do nosso mapa pessoal.

Aprofundado no desenho de estratégias para levar minha equipe a atingir a meta diária de US$ 10.000 em vendas, comecei a mapear nosso caminho para o sucesso. Cheio de alegria e motivação pela nova parceria que acabamos de firmar, minha mente se concentra em um objetivo claro: eu tinha certeza de que alcançá-lo nos levaria ao próximo nível. Embora naquela época as vendas diárias mal se aproximassem de US$ 500 e meu sócio pensasse que chegar a US$ 1.000 seria bom, na minha opinião o que estava se formando era o que para alguns seria considerado completamente impossível: eu almejava um aumento de 2.000% nas vendas.

O empreendimento consistia em um estabelecimento comercial que distribuía mais de cinco mil referências diferentes. Ele estava localizado em uma cidade relativamente pequena e estava apenas dando os primeiros passos. Minha inspiração veio da história de Sam Walton e de sua criação do Walmart, que também começou em uma pequena cidade chamada Bentonville , no Arkansas.

É fundamental sentir gratidão pelas conquistas dos grandes professores que começaram antes de você, que abriram o caminho. Embora os resultados alcançados pareçam inatingíveis, aqui está um exemplo de como se aproximar deles e até superá-los. Tudo depende do que você realmente deseja. Nestas páginas reflete-se um método baseado em experiências reais que pode levá-lo muito longe no seu caminho para o sucesso.

Este livro poderia ser intitulado 'Como conseguir um aumento de 2.000% nas vendas do seu negócio'. Embora o que você aprenderá aqui seja completamente real, é natural que você tenha dúvidas antes de adquirir essa habilidade. No entanto, essa habilidade é fascinante e essencial para o crescimento. Ele ainda não descobriu como fazer isso, assim como a equipe que liderava na época.

Eu estava conversando com a equipe e tenho certeza que eles me consideraram louco. Provavelmente terei que perguntar a eles o que se passava em suas cabeças naquele momento. No início, lutamos para atingir a meta de US$ 1.000 em vendas diárias. Para ser sincero, não tinha ideia de como conseguiríamos isso num negócio totalmente tradicional, sem as vantagens de escalabilidade que a internet e outros tipos de negócios oferecem. Éramos simplesmente um estabelecimento comercial, como qualquer outro de uma pequena cidade ou bairro da cidade.

Anos de experiências de vida me levaram a acreditar que eu conseguiria. Porém, minha lógica acadêmica não me forneceu um único recurso de como fazer isso na prática. A única coisa que eu sabia internamente era que iria conseguir.

Foi aquele palpite, aquela certeza que te invade quando você sente que chegou a sua hora. Eu sabia que era agora ou nunca. Apesar de já ter passado por vários momentos antes, dessa vez minha energia e atitude foram diferentes. Eu senti como se estivesse criando algo incrível e tudo ao meu redor assumiu uma tonalidade diferente. Embora a realidade fosse a de uma pequena empresa, na minha opinião eu dirigia uma grande empresa. Tudo se transformou graças ao poder da imaginação; Na minha cabeça, já era uma realidade.

O que?' em vez de 'Como?'

Como conseguir isso? Logo no início, percebi que o 'como' realmente não importa. Foi isso que entendi ao longo do tempo e quero que você também entenda agora que está desenhando seu próprio mapa. A verdade é que o "como" é tão sem importância e irrelevante. O que realmente tem peso é o 'O quê?' - três letras com um significado profundo para sua vida. Por isso te convido a refletir e escrever: Qual é a coisa mais importante que você deseja alcançar neste momento da sua vida?"

Sim, eu sei, não é fácil no começo. Deixe-me desenvolver a ideia e você logo entenderá. É um compromisso que, com tempo e determinação, você acabará definindo os recursos necessários para alcançá-lo.

O segredo para definir metas ambiciosas

Agora você pode se perguntar: por que definir a meta de vender US$ 10.000 diariamente quando nem sequer alcançamos US$ 1.000 em um único dia? Deixe-me revelar a você o maior segredo que descobri: definir uma meta tão alta torna muito mais fácil chegar a um ponto possível. Tanto para minha mente quanto para a equipe, foi mais fácil chegar a US$ 1.000,00 quando nos concentramos em visualizar US$ 10.000,00. Era como se, ao mirar tão alto, o caminho para objetivos mais realistas estivesse livre de obstáculos mentais e emocionais.

Chegar a US$ 1.000 foi relativamente fácil, mas quando atingimos esse número, a alegria e a euforia tomaram conta de nós. Cinco meses depois, começamos a ultrapassar US$ 1.000 de forma consistente. Uma vez alcançado, era necessário ficar acima desse valor, porque cair abaixo dele era fácil e desmoralizante. Toda a equipe estava focada nesse objetivo, e apoiar seu líder para alcançar US$ 1.000 por dia tornou-se mais real e alcançável do que US$ 10.000.

No início, estabelecer uma meta de atingir US$ 10.000 por dia, quando sabíamos que não chegaríamos nem a US$ 1.000, parecia quase uma zombaria. Porém, ao repeti-lo com determinação e com força crescente, comecei a me convencer de que seria capaz de fazê-lo. O surpreendente foi que aos poucos minha convicção começou a contagiar outras pessoas, e elas também começaram a acreditar na possibilidade de torná-la realidade.

A oração diária começou a dar frutos quando pedi a Deus sabedoria e inteligência para construir meus objetivos. Foi aí que comecei a mudar, deixei de ser um líder com um 'O quê?' para entender o 'Como?'. Comecei a entender como fazer, porque quando o 'O quê?' Está claro, o 'Como?' fica mais fácil de encontrar.

A palavra de Deus nos diz em Mateus 7:7: 'Pedi e vos será dado.' Esse ensinamento começou a fazer sentido em minha vida à medida que entendi o poder da oração e da fé de que Deus fornecerá as respostas aos meus pedidos.

As respostas ou ideias começaram a chegar à noite. A primeira vez que surgiu uma excelente ideia para atingir o meu objetivo foi por volta das três da manhã. Lembro-me de estar meio adormecido e perceber que era uma ideia brilhante, maravilhando-me enquanto ainda dormia. Quando acordei, tive certeza de que era uma ideia incrível, mas devo admitir que não consegui me lembrar dela no dia seguinte. Com o passar do dia, só senti a angústia de não conseguir lembrar daquela ideia vencedora.

Foi a primeira experiência com a ideia que surgiu durante a noite. De madrugada, depois de alguns dias, surgiu outra ideia em sonho e consegui me lembrar da anterior. Ambas as ideias eram excepcionais e, no sonho, eu acreditava firmemente que alcançaria o que me propus fazer. Eu me senti completamente feliz quando amanheceu. Naquela manhã, entre a angústia de não conseguir lembrar as ideias e a felicidade pelo seu brilho, o processo de crescimento exponencial ainda não havia começado.

Foi aí que tive a ideia de ter um caderno ou meu celular por perto para anotar a próxima ideia. Já havia perdido duas ideias das quais não consegui lembrar no dia seguinte. Eu estava mais preparado para a próxima oportunidade, mas aconteceu novamente. Nesta terceira ocasião, como resultado do sonho e do estado de sonho, não acordei e continuei sonhando. No dia seguinte, ao acordar, tive a sensação de três ideias brilhantes na mente, mas não as anotei e não me lembrei do que havia pensado.

Às vezes, precisamos perder para desencadear a mudança que buscamos em nós mesmos. Este processo de transformação é desafiador e vem de dentro de nós, com uma força extraordinária. Quando você começa a sentir essa mudança, sua determinação fica mais forte e começa a transformar completamente sua vida.

A quarta vez acabou sendo o encanto. A partir daí, fiz questão de anotar meticulosamente as ideias que surgiram durante a noite, sabendo que se eu realmente quisesse atingir meus objetivos, teria que agir. Foi fundamental não só ter a ideia, mas também executá-la e colocá-la em prática. Entendi que não bastava concretizar a ideia; Era essencial garantir que a ideia em si fosse bem-sucedida o suficiente para levar o projeto adiante.

Aproveite o processo, divirta-se

Com o passar dos dias, antes de iniciar as operações do negócio pela manhã, foi realizada a reunião matinal. Esta sessão, que durou 30 a 45 minutos, teve um propósito claro: focar a equipa no objetivo do dia. O que é notável nestas reuniões é que no final de cada palestra lhes é comunicada uma nova estratégia, ideia ou plano de acção. Ele sempre concluía com uma oração, expressando gratidão a Deus e mantendo a fé em alcançar US$ 10.000 em vendas diárias.

Os dias passaram e parecia que nada estava acontecendo. O ritmo frenético das atividades diárias minava nossa energia. As dúvidas assolavam a equipe sobre a possibilidade de atingir o objetivo e isso era completamente normal. Muitas vezes, as pessoas ao nosso redor não acreditam no início. O seu nível de crença é tão baixo que não lhes permite ver o que estamos a construir. Não é fácil para quem não está sintonizado com a nossa visão entender para onde estamos caminhando. A única coisa realmente importante é manter seus pensamentos e ações focados em atingir o objetivo proposto, não importa o que aconteça e como surjam os desafios.

Com o tempo, aplicando as ideias com a melhor atitude e aptidão, a magia começou a acontecer. A autoestima e a autoimagem do grupo começaram a crescer, algo que a princípio parecia inatingível tornou-se real. De repente, toda a equipe começou a acreditar que isso seria possível. As estratégias implementadas revelaram-se um sucesso retumbante e, embora não as detalhe aqui, é importante ter em mente que as ideias chegam no momento certo. Ao ler sobre as ideias, estratégias e táticas do Walmart, fiquei sobrecarregado. Implementar não é simplesmente copiar; Cada situação requer inspiração e reflexão para resolver os desafios que surgem.

A final da Liga dos Campeões chegou

À medida que implementávamos as ideias com o fervor que havíamos injetado na equipe, algo extraordinário começou a acontecer de repente. Sentimos que estávamos na final de um campeonato quase todos os dias. Mantivemos alegria e entusiasmo constantes, apoiados pela fé e confiança no futuro. Sabíamos que estávamos conseguindo. Houve dias em que ultrapassamos US$ 5.000, US$ 6.000 e até atingimos US$ 9.850 em um único dia. A euforia foi incrível; Tudo estava indo muito bem, naquele negócio em que nem mesmo US$ 500 eram vendidos por dia.

Levamos aproximadamente 20 meses para chegar lá, com acertos e erros ao longo do caminho. Nesse período, o aprendizado foi consolidado, preparando-nos para a grande transformação que estava ocorrendo na empresa. Alcançar a meta é vitorioso, mas nada se compara à subida quando ninguém acredita e você acredita. Dia após dia, guiar a equipa rumo a esse objetivo, com paixão e dedicação, permitiu-nos começar a alcançá-lo aos poucos. O processo foi tão gratificante quanto o resultado final.

Em meio à fervura e à efervescência, a calistenia me deu a oportunidade de apresentar o novo objetivo à equipe. Como líder, elevei a fasquia e agora era a minha vez de elevar também o nível da equipa. Foi nesse momento que simplesmente acrescentei um zero à meta anterior e estabeleci um novo objetivo: vender 100 mil dólares por dia num município pequeno, com não mais de vinte mil habitantes.

Dizer que fizemos isso é importante, mas no longo prazo não ensina tanto quanto o processo de como o fizemos.

Caro leitor, você também pode conseguir isso encontrando seu próprio mapa.

Você alcança seu objetivo, sobe de nível

Estávamos perto de atingir a meta de US$ 10.000 por dia, mas decidi elevar a fasquia mais uma vez. Caso contrário, entraríamos numa zona de conformidade que, com o tempo, transforma uma equipa altamente produtiva numa equipa desanimada e apática. São os nossos sonhos que nos motivam e dedicamos os nossos esforços incansáveis à construção do futuro que temos pela frente.

Lembro-me daquele dia em que quase atingimos os US$ 12.000. Sorri e sabia que estávamos prestes a ultrapassar a barreira dos US$ 10.000.

Em meio a essa corrente de pensamentos e orações, aplicamos as ideias e estratégias que havíamos planejado. Percebemos que, com perseverança, poderíamos chegar a US$ 32.000 em um único dia. Nunca tinha sentido tanta euforia antes, porque a estratégia que tinha em mente para conseguir isso já estava clara.

Detalhar a estratégia para chegar a US$ 10.000 ou mesmo US$ 100.000 não é tão crucial quanto ter certeza de que suas estratégias serão igualmente eficazes. A mente, quando focada ou colocada em "xeque", dará as ideias explicadas com a oração, tendo fé em encontrar as respostas que você realmente precisa. Lembre-se sempre de que você foi feito à imagem e semelhança de Deus.

Eu poderia falar sobre os vários estados emocionais que a equipe estava vivenciando enquanto estávamos vivenciando isso, mas sei que você também os vivenciará. Você vai se lembrar dessa etapa como se estivesse no meu time e eu agora fizesse parte do seu.

Eles vão rir, mas você continua.
Eles vão tirar sarro, mas você continua.
Eles vão duvidar de você, mas você continua.
Seus parceiros não vão apoiá-lo, mas você continua.
Faça a obra como se fosse para Deus, é isso que a palavra nos ensina, e é assim que deve ser feita.

Você viverá experiências que o farão crescer, aprenderá e resolverá problemas que surgirão. Imagine o seguinte: cada nova solução que você encontrar na sua vida, no seu empreendedorismo, o levará a novos desafios. Aceite os problemas, pois a maneira como você os enfrenta determinará o seu crescimento. Quem se levanta diante de um problema derrota o gigante, mas quem se deixa derrotar não consegue. Você é o David da sua própria história.

A dificuldade e o teste

O desespero de não vender, junto com a angústia de cobrir despesas fixas; a preocupação constante em fazer a folha de pagamento e a difícil situação de ter que decidir demitir pessoas que acreditaram em você e em quem você finalmente passou a acreditar.

Quando as coisas não vão bem, o humor muda; Os fornecedores ligam e todos querem dinheiro, inclusive você. Mas nesta quinzena você também não recebe;

Você não recebe pagamento há meses e o proprietário parece não ser mais seu melhor amigo.

Em todos os momentos, e principalmente nos momentos de dificuldade, é quando descobrimos verdadeiramente quem somos e do que somos feitos. Em situações difíceis, decidimos qual versão de nós mesmos levaremos adiante: a de um gladiador ou a de um covarde.

São momentos em que você mais espera o apoio dos seus parceiros, especialmente se for uma organização. Para crescer, eles se concentrarão em encontrar soluções reais. Caso contrário, você terá apenas uma diretoria reclamando porque não vê os resultados esperados.

Apesar de tudo, mantenha o foco

Mesmo quando os indicadores dizem que você está perdendo, concentre-se nos seus sonhos e objetivos. Nos momentos de adversidade, que sempre surgirão, considere que é apenas o teste que a vida está lhe dando para determinar se você está preparado para a bênção que está a caminho.

Uma mentalidade ousada é essencial para construir a base para algo excelente. Você deve espantar seus medos e ficar longe das pessoas ao seu redor que te deixam com medo, mesmo que sejam entes queridos. É difícil aceitar isso, mas é assim que é. Curiosamente, os mais medrosos tendem a ser os mais próximos de nós. De alguma forma, eles tentam nos proteger da dor e do sofrimento. Porém, também há pessoas que não querem que você tenha sucesso, porque se o fizer, revelarão a sua própria falta de capacidade. Muitas vezes, eles não lhe dizem diretamente, mas suas ações falam por si.

Afastar-se em termos do que você está fazendo não significa necessariamente romper relacionamentos. Significa apenas que algumas pessoas não têm informações suficientes sobre o seu caminho. Organize sua vida de forma que não permita que informações que possam preocupá-los cheguem aos seus ouvidos. Isto não só preservará a sua saúde mental, mas também beneficiará o meio ambiente.

Se você se encontrar em uma situação em que seu parceiro se opõe ou discorda totalmente do que você está fazendo, você está enfrentando uma situação muito complexa. A menos que o relacionamento seja forte e baseado na compreensão e apoio mútuos, você poderá enfrentar desafios significativos.

Os problemas sempre estarão presentes; É algo normal. Não podemos esperar saber tudo antes de iniciar um empreendimento. Ele foi um daqueles que dedicou a vida a aprender tudo antes de começar a fazer. Porém, na prática, percebi que esse não é um bom caminho. Aprender sobre negócios na teoria sem colocá-los em prática é totalmente antipedagógico.

Cada problema tem múltiplas soluções; basta escolher o melhor. Lembro-me de ouvir esta lição em uma conferência há algum tempo. A palestrante compartilhou que lhe custou milhares de dólares aprender esta lição. Agora, você também se beneficia com a leitura.

Essa tecnologia permite que você alcance o que realmente deseja na vida. Preste atenção e foque nisso: o mais importante que você precisa é **SENTAR E**

PENSAR, PEGAR UMA FOLHA DE PAPEL E UM LÁPIS
. Por mais estranho que possa parecer, tudo o que precisamos é sentar, pensar e enfrentar a solução. É fascinante quando você percebe que isso é tudo o que é preciso.

O que você deseja? Sente-se e pense em como conseguir isso. No início as ideias podem não fluir facilmente, mas isso é uma questão de treino. Cada vez que você tenta novamente, fica mais fácil. Lembre-se que tudo é treinável , melhorável e aprendido . Então, vá em frente!

Na crise apareceu a oportunidade

Agora não sou mais sócio, algo que vivi em primeira mão, situação semelhante à de Steve Jobs (mantidas as proporções). Já vi várias vezes o famoso filme sobre Jobs e nunca imaginei que pudesse vivenciar algo semelhante. Saber que eu poderia de alguma forma vivenciar o que ele sentiu e vivenciou foi chocante. Tive a magnífica oportunidade de vivenciar isso e foi assim que aconteceu.

Estávamos entusiasmados com a ideia de chegar a US$ 32.000 em um dia. De repente, a missão ficou clara e estávamos prontos para entrar em ação. A alegria e euforia que sentimos só foi comparada com o que vivi quando fui campeão nacional. A sensação que a equipe teve naquele momento foi realmente sensacional.

Durante esse processo, recebi uma mensagem que dizia: "Você não possui nada, não assinou nenhum documento". Mesmo sabendo que era, aquela vozinha dentro de mim me desafiou a provar isso, e foi o que fiz.

Nos dias anteriores, aquela vozinha interior me alertou sobre o assunto, mas eu argumentei dizendo: "Você não entende, temos um acordo verbal e eu confio nessa pessoa". Houve vários pensamentos sobre isso, até que finalmente aquela voz começou a surtir efeito em mim. Decidi tomar as medidas necessárias e preparar os documentos pertinentes.

Eu faço a ligação inesperada, aquela que você não quer fazer , mas sabe que tem que fazer. Decidindo fazer isso e percebendo que a vozinha estava certa, entrei em estado de negação. A primeira coisa que fiz foi corroborar pessoalmente esse fato.

Muitas coisas passaram pela minha cabeça. Me senti usado, completamente decepcionado e muito triste com o que ouvi. Porém, decidi ir ouvi-lo pessoalmente. Ele ficou furioso; Não foi a melhor atitude, mas a oração com Deus aos poucos me acalmou. Enquanto eu dirigia para o confronto verbal, a discussão planejada seria incendiária. Contudo, ao repetir mentalmente o discurso durante as quase três horas em que dirigi o carro, minha temperatura caiu.

A mente nesta situação pensa em muitas coisas. A falta de clareza que tive a este respeito levou-me a travar a estratégia. Pela primeira vez, auto-sabotei minha vida consciente. Sentir-se assim, saber que tudo o que você fez em 20 meses de trabalho, de repente desaparece e desaparece sem você perceber (atingimos a meta de 2.000% em vinte meses), é de partir o coração.

Quando cheguei, estava calmo e controlado. Durante esse período de tempo. Me vi em uma situação inesperada: confirmaram que eu não era sócio, mas simplesmente vendedor com comissão de vendas. Passei de dono da placa a me tornar seu melhor vendedor. A notícia não me agradou; Não foi a resposta que eu esperava nem a realidade que imaginei para mim.

subindo a montanha

Subir a montanha e rezar tornou-se meu ritual pessoal em situações que exigiam concentração e solução. Fui inspirado pelas práticas do Antigo Testamento. Se você é crente, convido-o a fazer o mesmo; Se não estiver, tente mesmo assim e verá como as soluções começam a aparecer.

"Subir a montanha e rezar tornou-se meu ritual pessoal em situações que exigiam concentração e solução."

Subi a montanha em busca de sabedoria e respostas. Na época, os negócios estavam no auge, mas eu sentia que estava construindo um grande prédio para outra pessoa. A frustração e a confusão tomaram conta enquanto eu procurava orientação no alto da montanha.

Ele se lembrou das palavras de Jeremias 33:3: "Chama-me e eu te responderei, e te mostrarei coisas grandes e escondidas que você não conhece". Enquanto subia a montanha, repeti essa oração desesperadamente, chorando como se algo tivesse quebrado minha alma e eu precisasse gritar para o universo por respostas.

Enquanto subia a montanha, procurei respostas. Embora não tenha sido fácil de entender, acho que o que fiz foi gritar. E o melhor de tudo é que encontrei o que procurava.

Subi a montanha por mais de três horas, percorrendo aproximadamente três quilômetros. À medida que subia, não encontrei as respostas que procurava, mas ainda assim queria encontrá-las. Quanto mais subia, mais perto chegava de encontrá-los, embora pensamentos de desespero emocional me atormentassem.

De repente, cheguei a um lugar onde havia um mapa que eu tinha visto há oito anos. Naquela época, eu havia escalado para fazer exercícios, mas não tive tempo de chegar à cachoeira da Joaquina. Agora, em busca de respostas, ele estava determinado a estender a mão.

A primeira vez que subi, há uns 8 anos, fui até certo ponto e voltei por falta de tempo. Nessa ocasião, enquanto subia, lembrei-me do quão longe havia chegado e fiquei feliz porque agora iria ver a cachoeira. A subida era íngreme e quanto mais subia, mais cansado fisicamente ficava. Esperava chegar lá o mais rápido possível, caminhando e apreciando a paisagem diante de mim.

Depois de vários minutos caminhando em direção à cachoeira, cheguei a outra estrada em vez da cachoeira. Vi uma casa e perguntei a uns senhores se conheciam a cascata da Jacinta (na verdade chama-se Joaquina, mas este nome ficou-me mais na memória). Um deles me disse a direção para chegar lá. Sua explicação foi que precisava retornar pouco mais de 500 metros, exatamente por onde havia subido.

Eu não entendi. Ele estava cansado, deprimido e de mau humor. Ser legal não era minha principal característica naquela época. Eu disse a ele: "Mas o mapa dizia que deveria estar aqui". Tive uma atitude tal que, interiormente, acreditei como se fosse culpa do Senhor que a cachoeira não estivesse no caminho onde eu pensava que estava."

Descendo a montanha

Enquanto descia a montanha, fiquei pensando na minha busca e nas perguntas que estava me fazendo. Apesar de ter ido até a metade do caminho, ainda não havia encontrado a resposta que procurava. Ele duvidava que a encontrasse, especialmente quando mais precisava dela. Em ocasiões anteriores, ele encontrou respostas enquanto subia a montanha com um propósito. Agora era diferente.

De repente, ouvi um barulho no meio da selva. Aproximei-me e o barulho aumentou. Fiquei com medo e corri. Achei que fosse uma cascavel, mas como não tinha experiência com esse tipo de som, posso estar errado.

Finalmente cheguei ao ponto de partida onde estava o mapa. Diferente da primeira vez que subi, conheci alguns moradores que perguntei sobre a cachoeira. Eles me indicaram a direção certa para chegar lá e me ofereceram para acompanhá-los. Eram três e um deles tinha um facão. Meu instinto de autopreservação me disse que não, então agradeci e eles foram embora.

No mapa, que era uma placa de um metro e meio de largura por dois metros de comprimento, havia alguns arbustos que separavam o caminho que eu havia percorrido do verdadeiro caminho até a cachoeira. Não vi o caminho real nem na primeira nem na segunda vez que subi. No início tive a convicção de que o caminho que havia feito anos atrás era o correto, mas como não consegui terminá-lo, nunca soube se realmente levava ao destino, à cachoeira.

Muitas vezes na vida ficamos confusos e tomamos o caminho errado porque não concluímos os processos ou fechamos os ciclos. Somente quando concluímos e encerramos os ciclos é que sabemos até onde podemos ir. Enquanto isso, teremos uma experiência vazia e sem sentido que não alimentará a nossa existência. Isso nos leva a dar uma volta na vida e voltar ao mesmo ponto de partida.

Depois de me despedir dos senhores e sair para descer a montanha, eu estava sorrindo. A mensagem e a resposta haviam chegado, e o objetivo principal pelo qual ele se levantara era claro. A mensagem chegou até mim com tanto poder e força que sorri agradecida. Ele teve a revelação.

A revelação

Fiquei feliz e emocionado, porque a mensagem veio com muita força e foi tão clara que minhas lágrimas agora eram lágrimas de alegria. Senti um alívio na alma e a força do meu coração bateu em gratidão a Deus, porque havia recebido a resposta. Entendi tudo e agradeci a Deus por tudo. Tudo o que acontece com você é para o bem, quando você aprende a ver o lado positivo das coisas. Meu ímpeto estava aumentando novamente para outra largada, embora eu não soubesse o quê. A única coisa que eu sabia era que estava melhor agora.

"Tudo o que acontece com você é para o bem, quando você aprende a ver o lado positivo das coisas."

Entendi tudo e, graças a Deus, tudo o que acontece com você é para melhor. Aprendi a ver o lado positivo das coisas e meu ímpeto foi sendo renovado para um novo começo, embora não soubesse exatamente o que isso implicaria. A única coisa que ficou clara para mim é que já me sentia melhor.

Lembro-me de uma história que o pastor da igreja compartilhou. Conta a história de um rei e seu escudeiro. O rei, montado a cavalo, bate em si mesmo com um galho de árvore. O escudeiro lhe diz: "Graças a Deus". O rei, um pouco mal-humorado, olha para ele com o canto do olho. Mais tarde, o rei, preparando sua espingarda, atira acidentalmente e arranca parte de seu dedo.

O escudeiro diz novamente: "Graças a Deus". Desta vez, o rei ordenou imediatamente que o escudeiro fosse preso. Meses depois, alguns índios capturam o rei e planejam fazer uma oferenda aos deuses. Quando está para ser sacrificado na fogueira, a bruxa ou mestre da cerimônia verifica a oferenda. Olha a cabeça, os braços, o abdômen e o peito, está tudo bem. Porém, ao verificar os pés, ele percebe que a oferenda está com defeito e decide libertar o rei por esse motivo.

De volta ao castelo, após ser libertado, o rei mandou chamar o escudeiro e contou-lhe o ocorrido, desculpando-se envergonhado. O escudeiro, olhando calmamente para o rei, diz-lhe: "Não, por tudo você tem que agradecer a Deus. Se eu tivesse ido com você, teria sido oferecido aos deuses. Estive sempre ao seu lado. Por tudo, obrigado ele, tchau, tchau.

Esta mensagem ressoou fortemente em minha mente e as palavras me surpreenderam. Meu entusiasmo cresceu e a tranquilidade voltou para mim.

Verifique o mapa

A mensagem começou a ressoar em minha mente, revelando que anos atrás eu não tinha conseguido chegar à cachoeira por falta de mapa. Embora o mapa estivesse sempre lá, na primeira vez que tentei subir não prestei muita atenção nele. Mas dessa vez foi diferente, agora que vi, entendi a importância do mapa na vida.

Naquele momento, lembranças de tudo que vivi voltaram à minha mente: os sucessos e fracassos que me transformaram na pessoa que sou hoje. Eu tinha visualizado a meta de vender US$ 100.000 em um dia graças a todo o processo pelo qual passei. Cumprir esse objetivo e a forma de fazê-lo se tornaram o mapa que fui desenhando ao longo do tempo.

Agora eu sabia como definir grandes objetivos na vida e alcançá-los. Entendi que o fundamental era saber o que queria fazer da minha vida; o "como" viria em adição. Eu só tive que ousar fazer isso e correr riscos ao longo do caminho. Embora estivesse construindo meu próprio negócio, já havia enfrentado desafios jurídicos no passado, algo que não era novidade para mim.

Olhando o mapa, tudo ficou claro. Ao conversar com os agricultores, a clareza ficou ainda mais evidente. Agora eu sabia que poderia recomeçar em outra atividade e que nesse novo caminho poderia traçar um novo mapa para mim, qualquer que fosse o setor que eu decidisse focar novamente.

A mensagem ressoou fortemente e tudo se entrelaçou em minha mente, embora capturar esse mesmo sentimento em palavras escritas tenha sido um desafio. Resumindo, o processo para descobrir como vender $100.000 USD por dia foi fruto das experiências que tive: este era o meu mapa e pode ser o seu também.

Na minha primeira tentativa de escalar a montanha, não consegui por falta de clareza no mapa e por falta de quem perguntar. Isso me levou à conclusão da importância de aprender a obter um mapa com a sabedoria e experiência que se tem naquele momento. A quantidade de experiência não importa tanto quanto a ação de realizá-la; Ao longo do caminho, você aprende e entende tudo. Ao mantermos o foco, desenvolveremos maturidade suficiente para realizar qualquer projeto ou propósito na vida.

"A quantidade de experiência não importa tanto quanto a ação de fazê-la; ao longo do caminho você aprende e entende tudo."

Tudo estava claro, pelo menos foi o que pensei. Refleti sobre esta verdade e percebi que agora poderia criar meu próprio mapa. Percebi que era capaz de ser o construtor dos meus próprios mapas, desenhados para meu uso pessoal. Não consegui fazer um mapa personalizado para outra pessoa; Eu teria que conhecer profundamente essa pessoa para poder ajudá-la. Por isso, preferi compartilhar essa história como exemplo para quem está pronto para traçar seu próprio caminho para o sucesso.

Na segunda vez que tentei escalar, também não consegui. Embora tivesse visto o mapa, não conseguia entendê-lo e não tinha a quem perguntar. De certa forma, esta história é a minha forma de ouvi-lo e acompanhá-lo na construção do seu próprio mapa para o sucesso.

Aprenda a ler o mapa

No dia seguinte, enquanto eu ainda refletia sobre o que havia acontecido comigo, chegou meu sobrinho, aquele ente querido que veio buscar conselhos em um dos momentos mais reflexivos da minha vida. Contei a ele todo o processo e ele se tornou a primeira pessoa a ouvir toda essa história.

Emocionado, ele me contou que queria ir até a cachoeira. Eu respondi: "Qual é, eu também não a conheço." Olhei para o relógio, já passava das duas da tarde. Fiz alguns cálculos mentais e resolvi acompanhá-lo. Andamos de moto até o ponto onde era possível chegar de veículo, estacionamos e expliquei a ele o caminho errado que havia tomado nas primeiras tentativas. Com certeza eu disse a ele: "É por aqui".

Começamos a correr animados para chegar rapidamente. Continuamos avançando, ele correu com agilidade ao meu lado. Mais tarde, percebi que ele não estava mais ao meu lado. Eu me virei e o encorajei a ir mais rápido. Continuamos correndo e na pressa de chegar lá chegamos a um ponto em que percebemos que precisávamos de mais tempo. Houve uma bifurcação na estrada; Peguei o caminho que descia, mas alguns metros depois me senti perdido em relação à cachoeira, então decidimos voltar.

Enquanto isso, recebi uma ligação de um amigo. Conversamos sobre negócios, crescimento espiritual e outros assuntos. Descobri que Mike Tyson havia lutado novamente esta manhã; Embora tenha vencido claramente, foi acertado o empate, por se tratar de uma luta de exibição. Também fiquei sabendo que Elon Musk subiu para o segundo lugar na lista dos homens mais ricos do mundo. Admiro profundamente estes dois expoentes pela sua capacidade de construir o seu próprio mapa para o sucesso nos seus respectivos campos.

De volta ao escritório, subimos na moto e descemos a montanha sem ter visto a cachoeira. Não tivemos tempo, mas assumimos um compromisso: escrever este livro. Essa história tinha que ser contada e assim prometi ao sobrinho.

Alguns dias depois, tive a oportunidade de contar essa história a um amigo. Ela, tão charmosa e delicada, me ouviu com entusiasmo e me acompanhou com atenção enquanto eu contava até onde ia a história. Ele ficou emocionado com a história e decidiu me acompanhar até a montanha para vermos juntos a cachoeira.

Planejamos a subida, mas isso já é um detalhe. A mensagem importante é aprender como construir o mapa. Cada pessoa deve aprender a traçar seu próprio caminho, e os mentores ao longo do caminho o ajudarão a encurtar o processo.

Encontrar um guia ou mentor

No domingo seguinte, depois de ter assumido o compromisso de subir a montanha com a minha amiga e não encontrar mais ninguém para nos acompanhar, ela desanimou em subir, então decidi subir sozinho. Desta vez foi o encanto, a quarta tentativa.

Dessa vez eu tinha um propósito diferente em mente, algo que está fora do contexto deste livro. Direi apenas que minha intenção recebeu uma resposta positiva.

Quando cheguei ao ponto do mapa, comecei a notar algumas diferenças significativas. Estudei o mapa com atenção e de repente apareceu um jovem de aproximadamente 14 anos. Perguntei se ele conhecia a cachoeira e ele confirmou que sim. Os senhores da minha segunda subida não conheciam a cachoeira, o que me ensinou a importância de saber a quem perguntar e o que perguntar.

Expliquei a ele que no caminho até a cachoeira havia dois caminhos, um descendo e outro reto. Ele me disse para sempre andar em linha reta e nunca descer. Resolvi então seguir seu conselho e comecei minha jornada em direção à cachoeira.

Descobrindo a cachoeira

O som distante de uma cachoeira começou a encher o ar enquanto ele avançava pela vegetação densa. Cada passo que dava aproximava-me do destino, embora o caminho estivesse molhado e escorregadio e os pequenos riachos que atravessava molhassem os meus sapatos. A umidade pairava no ar e a vegetação alta indicava que ninguém punha os pés ali há anos.

Depois de caminhar um longo quilômetro, finalmente chegou a uma clareira no meio da selva. Diante dos meus olhos atônitos um espetáculo da natureza se revelou: uma cachoeira majestosa, alta e poderosa, caindo em uma piscina natural de águas cristalinas. Mas o mais incrível de tudo foi o arco-íris que dançava nas gotas d'água, criando um espetáculo de cores deslumbrantes que iluminava a paisagem.

Aproximei-me cautelosamente da cachoeira, as pequenas partículas de água me envolvendo. Parecia um presente do céu, como se a própria natureza estivesse comemorando a chegada.

A excitação tomou conta de mim quando mergulhei na piscina natural. A água fria o envolveu e a força da cachoeira atingiu meu corpo com energia revitalizante. Ele se sentiu como se estivesse sonhando, como se tivesse descoberto um tesouro perdido há séculos.

Naquele momento, senti-me um verdadeiro descobridor, um pioneiro que encontrou um canto secreto do mundo. A euforia encheu minhas emoções ao me deixar levar pela maravilha da cachoeira, grato por ter perseverado em minha busca apesar dos desafios ao longo do caminho.

E assim, no meio da selva, encontrei não só a beleza da natureza, mas também uma sensação de realização e admiração que ficaria comigo para sempre. Meu coração batia ao ritmo da cachoeira e seu espírito subia com a magnificência do arco-íris.

Olhando o mapa, percebi que havia outro caminho mais próximo da estrada, estimei que fosse a cerca de 100 metros de distância, em vez dos US$ 1.000 que tinha para viajar para onde estava indo. Entendi que o melhor era aprender a ler corretamente o mapa e procurar o caminho mais curto.

Ao caminhar em direção à cachoeira, percebi que se aprendesse a ler melhor o mapa chegaria mais rápido. A ideia fez sentido para mim. Visualizei chegar à cachoeira e voltar pelo outro lado para demonstrar a importância de encurtar o caminho e aprender a ler o mapa com eficácia.

Porém, ao chegar e me maravilhar com a cachoeira, fiquei decepcionado ao perceber que não havia um caminho curto. A mensagem foi modificada: não se tratava mais de aprender a encurtar o caminho, mas de seguir corretamente o mapa.

Na vida, muitas vezes procuramos atalhos e maneiras rápidas de fazer as coisas, sem saber quando eles levarão ao sucesso. Nestes momentos, **determinação e motivação são o que realmente fazem a diferença entre o sucesso e o fracasso** . Além disso, o fracasso, visto como aprendizagem, é benéfico para o nosso desenvolvimento humano, apesar do que se pensa fora do mundo do empreendedorismo.

> **"Na vida, muitas vezes procuramos atalhos e maneiras rápidas de fazer as coisas, sem saber quando eles levarão ao sucesso."**

Se outros já encontraram o caminho, é importante aprender com as suas experiências. Esses são os mentores, pessoas que já estão no caminho que queremos alcançar. Suas histórias de sucesso e fracasso podem ser uma fonte de inspiração para nós. No meu caso, o mapa foi bem feito, mas suposições e interpretações erradas me levaram a conclusões errôneas, distorcendo a verdadeira mensagem.

"Se outros já encontraram o caminho, é importante aprender com as suas experiências."

Essa experiência me lembrou a história de um rei que convocou um conselho de sábios para criar um documento que pudesse orientar qualquer pessoa que o lesse, dando-lhes controle sobre seu destino. Os sábios reuniram-se durante cinco anos e apresentaram doze volumes sobre como conseguir isso. O rei, vendo os livros, pediu algo mais curto. Cinco anos depois, eles voltaram com apenas um livro, mas ainda parecia longo demais para o rei. Depois de mais dez anos de trabalho, apresentaram uma única folha onde estava escrito: **"NÃO HÁ ATALHO SEM TRABALHO "** .

A conexão

O mapa cascata me levou a entender que para o negócio construí diferentes métodos ao longo da minha vida que culminaram na construção de objetivos elevados. E para atingir esses objetivos da mesma forma que chegar à cachoeira, como num símile, a própria vida atuando como a grande professora que é.

Essa comparação de entender o mapa para chegar à cachoeira e alcançar grandes objetivos nos negócios produziu esse resultado.

Feche o ciclo e siga em frente

A conversa final com o companheiro, que não foi de confronto , mas sim de cavalheiro, me fez entender a importância de ser grato por tudo o que acontece na vida. Na época, você pode não entender a lição que Deus está lhe ensinando, mas olhando para trás, percebi que havia ganhado mais e tinha mais tempo livre para aproveitar a vida. Isso não tem preço. O mapa que eu estava construindo na época estava no caminho certo e eu estava criando vários mapas para mim mesmo.

O encontro tornou-se uma explicação mútua do que cada um havia dito, pensado e acreditado. Concluí que tinha sido um problema de comunicação. Ele fez a companhia, eu fiquei com o mapa e nós dois ficamos felizes com o que Deus destinou para nós.

Aprofundar-se nos detalhes desta história não é o propósito deste livro, e seria injusto expressar aqui a minha posição, uma vez que a verdade é holística, e o meu homólogo também tem razão neste assunto.

Aprenda a extrair o que há de mais valioso na vida; A cada momento existem ensinamentos de sabedoria que o mundo precisa conhecer, e você pode ser o professor que todos nós precisamos para viver melhor.

> **"A cada momento, existem ensinamentos de sabedoria que o mundo precisa conhecer, e você pode ser o professor que todos precisamos para viver melhor."**

É hora de se reinventar mais uma vez. É preciso manter uma atitude positiva, confiar no presente e ter uma perspectiva clara sobre o futuro.

Steve Jobs, após deixar a Apple, reinventou-se e revolucionou nove indústrias diferentes. No filme sobre sua vida, ele finalmente retorna. Não sei se algo semelhante acontecerá no meu caso. A única certeza aqui e agora é enfrentar a reinvenção com paixão e confiança no futuro.

"Na vida, não recebemos o que merecemos, mas sim o que negociamos por escrito."

Depois de me libertar daquela situação e com a mente clara, as ideias chegaram e a criatividade fluiu. Analisei os recursos disponíveis e foquei na capacidade de trabalho. Se ele já tivesse conseguido uma vez, poderia fazê-lo novamente. Um verdadeiro campeão deve defender seu título repetidas vezes, desde que tenha energia para continuar competindo.

"O que acontece na sua mente é mais divertido do que nas redes sociais"

Quando você está realmente focado em seus objetivos, você vivencia uma história interna tão espetacular que eclipsa qualquer distração externa. O fascínio pelo que você está conquistando torna-se tão intenso que redes sociais, plataformas como TikTok , Facebook ou Instagram, e outras formas de entretenimento perdem relevância. Quando você chega em casa, quando se deita à noite, fecha os olhos e mergulha no filme da sua vida, percebe o incrível que está acontecendo.

Nesse estado de concentração, o que acontece na sua mente torna-se mais emocionante do que o que acontece ao seu redor. A maravilha da sua própria narrativa, dos seus projetos e memórias, assume uma importância significativamente maior do que o que pode estar acontecendo nas redes sociais, nas notícias internacionais ou nos avanços tecnológicos. Esse foco profundo em seus objetivos cria um mundo interior tão vibrante e enriquecedor que se torna uma fonte de satisfação e significado, superando as distrações externas.

Quando você chega ao ponto em que o que está acontecendo em sua vida é mais fascinante do que qualquer coisa nas redes sociais, você percebe que está sonhando no nível mais alto que sua mente permite. Este estado revela que você está a caminho de alcançar algo grande, algo gigantesco. Esse nível de foco e dedicação só é alcançado quando você está realmente comprometido em desenvolver todo o seu potencial. Você está no limiar de atingir metas significativas e alcançar níveis extraordinários de sucesso.

Segunda Parte Construa seu mapa

Como construir o mapa

Na primeira parte foi detalhado praticamente tudo o que aconteceu em um estudo de caso que levou ao sucesso com aumento de 2.000% nas vendas em um período de vinte meses. Agora vamos nos concentrar na construção de um mapa, uma metodologia que pode ser aplicada em diferentes contextos e culturas. O objetivo foi alcançado, mas o que é verdadeiramente essencial é transmitir ao leitor que você também pode alcançar o que se propôs a fazer, alcançar o que se propôs a fazer é fácil, determinar que se propor a fazer é o complexo e onde os seres humanos são os que mais perdem tempo, inclusive com a falta de propósito, e terminam com uma vida que poderia brilhar.

Tudo começa com uma sigla desenvolvida a partir da experiência, que ajudou a gerar ideias claras para ensinar como outra pessoa pode construir seu próprio mapa. Essa sigla é Vimas , que se refere a: Visão, Metas, Atividades a serem executadas e Acompanhamento.

Esses elementos são essenciais para desenvolver uma agenda de trabalho, produto de uma série de planos a serem executados para passar do ponto A ao ponto B.

Um Vimas completo ocorre durante um período de quatro anos, usando a analogia do ciclo olímpico. Assim como atletas de alto desempenho se preparam para seu melhor desempenho e quebram recordes olímpicos, em seus negócios e em sua vida, você planejará alcançar esses resultados em sua área. Cada ano está dividido em quatro planos a serem executados trimestralmente, o que dá origem a quatro microciclos num ano, dezasseis microciclos num período de 4 anos.

Visão: Visão é uma declaração de longo prazo que descreve o estado futuro desejado de uma organização, empresa ou indivíduo. É uma imagem clara e inspiradora do que queremos alcançar no futuro.

Meta: Uma meta é um objetivo específico e mensurável que uma pessoa, organização ou empresa se esforça para alcançar em um determinado período de tempo. As metas são concretas e definidas para medir o progresso em direção à consecução de objetivos mais amplos. São declarações claras e definidas que descrevem o que você pretende alcançar e fornecem uma direção clara para ação e foco. As metas são alcançáveis e realistas e são definidas com prazos definidos para avaliar o sucesso e o progresso no caminho para a realização.

Atividades a serem executadas: As atividades a serem executadas referem-se às tarefas específicas e ações concretas que devem ser realizadas para atingir um objetivo específico e atingir a meta proposta. Essas atividades são ações planejadas que fazem parte de um processo ou projeto e são projetadas para atender metas e objetivos predefinidos. Podem variar em complexidade e escala, e são frequentemente organizados em sequências lógicas para garantir um progresso ordenado no sentido de alcançar os resultados desejados. Estas ações são essenciais para implementar estratégias, concluir projetos e atingir as metas estabelecidas, e requerem alocação adequada de recursos e monitoramento adequado para garantir o sucesso de sua execução.

Monitoramento: Monitoramento refere-se ao processo de monitoramento e avaliação do progresso no sentido de atingir as metas estabelecidas e as atividades a serem executadas. Envolve a revisão regular do desempenho, a identificação de áreas a melhorar e a realização dos ajustes necessários nas estratégias para garantir que o progresso está a ser feito na direção certa.

Na tabela Vimas de três meses, há um exemplo para referência, na primeira coluna estão os dias de 1 a 90, e na primeira linha estão as atividades a serem executadas, nas extremidades estão os percentuais de cumprimento, que devem estar em 100%.

Por exemplo , a atividade 1 foi executada diariamente atingindo 100%, as atividades seguintes terminaram com 50%, 30% e 20%. No dia 1, foram realizadas as três atividades programadas, resultando em uma pontuação de 75% de aproveitamento. Isto é para poder realizar um acompanhamento diário das atividades a realizar. O monitoramento correto garante o cumprimento das metas propostas e, portanto, da visão. Quando as atividades propostas a serem executadas não são tão eficazes, elas são alteradas, o importante é atingir o objetivo, ideias melhores podem surgir de repente e se uma atividade tiver que ser alterada, ela é alterada para atender aos objetivos propostos.

A visão clara ou sonhos claros do que você realmente quer desenvolver é a coisa mais difícil de fazer na realidade, quando você alcança clareza no que você quer, como, com o tempo, isso é organizado, você não precisa esperar para ter todos os respostas no início, no início a única coisa importante é ter claro para onde você está indo, depois de reflexões e orações com fé e gratidão, as ideias mais espetaculares chegarão.

<table>
<tr><td colspan="6">CONSTRUÇÃO DO MAPA VIMAS EM TRÊS MESES
16/01</td></tr>
<tr><td colspan="6">Visão: Consolidar a distribuidora como uma rede nacional, especializada na venda varejista e atacadista dos mais diversos produtos não alimentícios. Com canais de marketing virtuais para atingir um público diversificado e satisfazer suas necessidades.</td></tr>
<tr><td colspan="6">Objectivo: Conseguir vender 10.000 USD por dia numa cidade com menos de vinte mil habitantes.</td></tr>
<tr><td colspan="6">Atividades a serem realizadas:
1-Ganhe 10.000 USD em vendas diárias.
2-Desenvolver um canal de distribuição atacadista em 32 municípios próximos
3-Consiga 3 fornecedores para representar suas marcas na região
4-Ter 20 clientes por mês com a estratégia Tras Tras Tras.</td></tr>
<tr><td rowspan="2">Dia</td><td colspan="4">Atividades a serem executadas</td><td rowspan="2">Sim
Seguir</td></tr>
<tr><td>1</td><td>2</td><td>3</td><td>4</td></tr>
<tr><td>1</td><td>1</td><td>1</td><td>1</td><td></td><td>75%</td></tr>
<tr><td>2</td><td>1</td><td>1</td><td></td><td>1</td><td>75%</td></tr>
<tr><td>...</td><td>1</td><td>1</td><td></td><td></td><td>50%</td></tr>
<tr><td>88</td><td>1</td><td></td><td></td><td></td><td>25%</td></tr>
<tr><td>89</td><td>1</td><td></td><td>1</td><td></td><td>50%</td></tr>
<tr><td>90</td><td>1</td><td></td><td>1</td><td></td><td>50%</td></tr>
<tr><td>Sim</td><td>100%</td><td>50%</td><td>30%</td><td>50%</td><td>xx%</td></tr>
</table>

Tabela 1 Vimas aos três meses.

"Você não precisa esperar para ter todas as respostas no início"

Quando o quê? Agora está claro que a única coisa que começa a ser necessária é determinar o passo a passo, as atividades a serem realizadas, o que deve ser seguido. Por isso, é preciso encarar a página em branco e começar a escrever, considerando o última como a tecnologia máxima para conseguir tudo, agora quando você já está em execução quando já está pensando nisso diariamente, sonhando em alcançar determinados resultados, a chave estará sempre na oração que fazemos diariamente, porque é uma oração que oramos com fé e com a crença de que isso vai ser real, que vai ser possível e dentro de um curto espaço de tempo ou x período de tempo, você tem que acreditar no que realmente está pedindo porque lembramos que a palavra diz nós "peça e lhe será dado".

Quando você está no estado totalmente focado nos sonhos, não há motivo para ficar amargo, triste ou expressar qualquer tipo de sentimento negativo, muito pelo contrário, já que você está sempre focado em realizar praticamente seus sonhos ou visão. a empresa, a organização, que está destinada a se desenvolver e neste caso o foco está simplesmente em trabalhar, que aos poucos as ideias desse ou daqueles objetivos do que precisa ser alcançado, serão alcançados aos poucos. .

Enquanto você permanece no estado de expectativa, nesse estado em que você visualiza o que realmente deseja, a energia é totalmente positiva, a energia é agradável, a energia irradia para a equipe de trabalho que você lidera. É ótimo porque todos ao seu redor verão a esperança de que você tenha absoluta certeza do que quer e como isso vai se desenvolver, ou as ideias-chave, as estratégias-chave para chegar lá, aos poucos vão chegando. No exemplo, a meta foi alcançada em vinte meses, não significa que a ideia brilhante chegou no final desse período, não, a ideia brilhante chegou no terceiro mês, e conforme chegou, começou a ser executada.

A execução das Atividades é uma parte extremamente importante, porque se houver uma ideia brilhante, a ideia de um milhão de dólares, mas se nada for feito com essa ideia, então nada vai acontecer porque a única maneira, a única coisa realmente importante é é que isso pode ser feito, executar as ideias que vierem à mente, com a mentalidade e atitude corretas. Se essas ideias forem trabalhadas em equipe, a equipe de trabalho tem que dar-lhes energia suficiente, informações suficientes para que eles se empoderem e façam a ideia fluir, como se fosse deles entendê-la, compreendê-la, fazer com que ele flui e adota seguindo as instruções de seu líder.

No início as ideias surgiram por volta das três da manhã, completamente adormecido, descansando e não imaginava que assim as melhores ideias chegariam tão cedo. Como ele não anotou, ele não anotou, quando acordou não lembrava qual era a ideia, no meio do sono foi um pouco difícil levantar para fazer anotações, poder analisar a ideia à luz do dia. Isso aconteceu exatamente em três ocasiões, surgiu a ideia, achei ótima e no dia seguinte ou traço do que era a ideia, só foi quando decidi começar a escrever em um caderno e com meu celular ao meu lado, para faça as respectivas anotações.

Obviamente nada aconteceu se eu não as anotasse primeiro, e se eu não as anotasse então haveria menos execução daquela ideia, então com o tempo eu simplesmente pensei em quão boa aquela ideia era, mas não o fiz. fazer qualquer coisa e foi triste, muito triste porque fiquei com a sensação de que tinha sido uma ideia brilhante que eu tive, dormir à noite e alguns chamam de subconsciente, mas nós, crentes, sabemos que é Deus quem começa a se manifesta e começa a nos dar as ideias-chave para alcançar o que realmente propusemos. Também é verdade que as ideias podem surgir a qualquer momento. Já experimentei estar dormindo e acordado.

Por que vamos lembrar e lembrar é muito importante, por um momento comece a pensar que você está gerenciando uma empresa, essa empresa não vende mais que $500 USD por dia, mas o foco naquela empresa movimenta $10.000 USD por dia, quando você nem está chegando a US$ 500.

Isso não vai ser encontrado na academia, nos livros técnicos, no planejamento, porque simplesmente o 'correto' é ter um crescimento de 5%, 10% de ano para ano, ou de repente um pouco mais de 20 %, mas um crescimento como o alcançado exige outro tipo de conhecimento, é um crescimento exponencial, completamente irrealista. Mesmo a forma de escrever isto não pode ser, digamos, com outra base que não seja a narração de algo que aconteceu, do qual não há a menor dúvida, que se for implementado noutro contexto, numa outra cultura, numa outra empresa, com outra idiossincrasia, será sempre e quando os princípios fundamentais que estão sendo transmitidos neste capítulo puderem ser implementados, é completamente certo que você poderá obter os resultados mais incríveis, que você nunca poderia ter imaginado, onde se acaba por dizer, "porque Eu não sonhei maior."

Então o que falta é implementar bem a metodologia, que é uma metodologia simples, que facilmente poderia torná-la mais complexa, e que para o metodologista é satisfatoriamente adequada, e muitas vezes enchemos livros inteiros, e a complexidade das páginas faz com que seja é escrito e depois esquecido ou não utilizado, é a simplicidade como se vê na tabela 1, o que busca é focar no que é importante em um único olhar.

As ferramentas necessárias para atingir grandes objetivos estão claramente definidas com a sigla Vimas, e a chave para esse processo é a REPETIÇÃO . Observe que no início, embora a meta fosse alta, com o passar do tempo e a clareza do propósito da organização, todos eles se concentraram em conseguindo.

Foi repetido diariamente para a equipe de trabalho, com a execução das atividades, a confiança e segurança que iria ser alcançada cresciam, os resultados após meses de tentativas estavam dando o resultado esperado. Aqueles que viram que era uma loucura quando eu orava pela manhã, pedindo com fé e gratidão porque não são coisas normais, não é normal que quando você vende menos de $500 USD por dia você queira chegar a vender $10.000 USD então rapidamente, ainda mais quando se chega aos $10.000 USD, foi definida a nova meta de subir a barreira para $100.000 USD por dia, porque um zero faz ou contribui e permite sair completamente do estado de conforto e não se contentar com menos, se houver é apenas a capacidade. É uma questão de definir a meta e começar a trabalhar para ela.

Uma reflexão, o que teria acontecido se o foco fosse chegar a $1000 USD ou talvez $2000 USD, eu certamente estaria girando entre $1000 USD e $2000 USD, o que teria sido bom, não vou dizer não, o ponto de equilíbrio Chegamos a isso com US$ 850, então vender entre US$ 1.000 e US$ 2.000 foi bom.

Se a abordagem tivesse sido menos exigente, as ideias e a execução também poderiam ter sido menos exigentes na sua aplicação. A energia que ela transmitiu teria sido diferente e é aí que temos que ser claros com os empreendedores, é muito diferente quando você está empurrando um carrinho de sorvete vendendo na rua, se você sai para empurrar aquele carrinho sabendo na sua mente que na hora você vai ter, por exemplo, mil carrinhos de sorvete vendendo em diferentes cidades do país, a atitude é diferente, e o nível de esforço é tal que na hora você vai querer contar essa história.

As pessoas que te ouvem, as pessoas que te veem, as pessoas que já te veem tendo sucesso vão querer saber o que você fez, como você fez, alguns nunca vão acreditar que você começou do zero, mas a verdade é que no À medida que você pratica, à medida que você faz esse tipo de planejamento, porque é um planejamento que é feito a cada três meses, melhor dizendo, você tem uma ideia, você executa, e ela fica completamente estabelecida no seu trabalho diário, e você segue em frente. o caminho. a próxima ideia e a próxima melhoria e a próxima melhoria, e se você passar de melhorias em melhorias, chegará o momento em que os grandes objetivos traçados se tornarão realidade.

Mas agora imagine isso, tem a pessoa empurrando o carrinho de sorvete e o único objetivo que ele tem no dia, o único objetivo que ele tem pela manhã é pegar alguma coisa para o almoço, o objetivo da tarde ou de repente pagar o serviço público., aí ele sai mal humorado, fala porque essa empresa caiu para mim, por isso não tem mais oportunidade, ele sai negando a vida. Ele sai negando as situações que estão acontecendo com ele, ele não está olhando o quadro todo porque a visão que essa pessoa tem é uma visão que não vai permitir que ela cresça, mas se ele soubesse se dedicaria a usar isso metodologia ou similar, Um dia ele poderá ter uma empresa com mil filiais por exemplo, que orgulho e felicidade e sua autoestima às alturas, pensando em continuar expandindo ou em outro negócio, em outro setor, Os princípios são os mesmos.

Como a autoimagem é elevada, como esse impulso é acionado, se essa pessoa acreditava que realmente iria conseguir, porque a única razão pela qual ela não vai conseguir é porque ela não se propôs a isso porque da visão que ele tem.

Alcançar estes magníficos resultados, então, nada mais é do que focar em alcançar este tipo de resultados, seguindo a metodologia que for possível, e aqui estamos para alcançar grandes objetivos.

"Ele não sabia que isso não poderia ser feito, ele simplesmente fez."

Como manter uma mentalidade vencedora

A mentalidade vencedora é adquirida focando sempre na visão que temos e não no fardo que carregamos.

Devemos sempre focar na visão, no sonho que aspiramos alcançar, e não na carga de trabalho, no esgotamento físico ou mental. Manter o foco onde queremos estar e o que queremos alcançar nos dará energia para trabalhar duro e consistentemente quando nossa mente estiver fresca e em um ciclo de pensamento positivo.

É completamente normal, pois somos humanos e nossa emocionalidade vivencia ritmos que podem afetar positiva ou negativamente nossas atividades diárias. Com o tempo, esses ritmos podem se dispersar, permitindo que a procrastinação se instale e qualquer obstáculo nos desvie do verdadeiro objetivo. É fácil trabalhar quando estamos entusiasmados, focados ou quando tudo está indo bem em nossas vidas, mas neste momento devo deixar claro: devemos nos acostumar a trabalhar não importa o que esteja acontecendo ao nosso redor.

As situações vão existir para todos, e o que precisamos mesmo é focar no que queremos. O trabalho árduo, constante e incansável é essencial. Você precisa desenvolver uma resistência tal que praticamente nada vai te derrubar: nem o rompimento de um relacionamento amoroso, nem qualquer situação que você esteja passando, nem os momentos dolorosos que você possa estar vivenciando. Manter-se firme diante das adversidades é essencial para alcançar seus objetivos.

Não vemos a hora de que tudo em nossas vidas flua da melhor forma para começar a agir, empreender e escalar a montanha dos nossos sonhos mais desejados. Você mal pode esperar que tudo fique perfeito. Mesmo nos momentos de maior adversidade, em meio às dores e às dificuldades, se você se encontrar em um desses momentos, primeiro entenda que você não é o único. Deixe-me dizer, se você se concentrar, você será vitorioso. Não deixe que as situações o desanimem.

Conecte-se consigo mesmo e busque toda a sua energia nos sonhos que deseja realizar. Imagine como você se sentirá ao realizar esses sonhos, como sorrirá mesmo em meio às adversidades. Lembro-me, por exemplo, do filme "Mãos Milagrosas", que conta a história do Dr. Ben Carlson interpretado por Cuba Gooding Junior. Apesar de ter perdido os próprios filhos num momento difícil de sua vida, o filme destaca a atitude, a disposição e o serviço do médico para cumprir sua missão, enfrentando as adversidades com coragem. Assistir a um parto.

Não sei se isso é uma regra geral, mas quando você decide fazer algo grande, você enfrentará obstáculos. Esses obstáculos podem impedi-lo ou tornar-se degraus que você sobe na escada para o sucesso, como escalar uma montanha. Se você conseguir superar cada problema, cada inconveniente e cada situação que surge em sua vida, você terá alcançado o maravilhoso mundo do crescimento humano.

Se você não deixar que nenhum obstáculo o derrube, estará preparado para enfrentar todos os desafios que surgirem em seu caminho. Cada vez que você supera um obstáculo, outro pode surgir, mas ao superá-lo você estará se preparando para objetivos maiores e sonhos mais incríveis. Se você permitir que o primeiro obstáculo ou situação o derrube, isso indica que talvez você não esteja pronto para enfrentar desafios maiores. Superar obstáculos é uma decisão, e a escolha que você deve fazer é seguir em frente, avançar e consolidar tudo o que deseja e possui.

Ao longo do caminho, haverá pessoas que estarão ao nosso lado desde o início, outras que aparecerão em nosso caminho quando já estamos construindo o que queremos, e também haverá aquelas que ainda nem conhecemos. Alguns acreditarão em nós, enquanto outros próximos de nós poderão duvidar. Porém, o crucial não é que eles acreditem em você, mas que você acredite em si mesmo. Concentre-se no que você realmente acredita que pode alcançar e convença-se do que você é e do que tem. Então continue e não desanime com nada.

A ação cura o medo, a inação alimenta o medo paralisante que não nos permite avançar, ao invés de ficar parado, aja, quando a adversidade te visitar, saiba que é apenas uma prova que você também passará. Reveja seus sonhos, ore a Deus para que tudo seja possível para você.

Como melhorar

Com certeza, essa é uma perspectiva valiosa. A ideia de que tudo o que é medido pode ser melhorado reflete a essência da evolução contínua. Como civilização, tem sido demonstrada uma capacidade constante de melhorar a forma como desempenhamos as nossas tarefas e como abordamos os desafios. Medição e avaliação são ferramentas essenciais para esse processo de melhoria contínua.

Visão

Como melhorar a visão? Como fazer a visão transcender? Como tornar a visão atual do negócio estimulante e estimulante, incentivando o crescimento contínuo e o desenvolvimento constante da empresa? A questão central é como tornar esta visão absolutamente clara, para que todos que trabalham no seu ambiente sintam aquela energia positiva de contribuir para algo grande.

O segredo é trabalhar em algo grande e inovador. É preciso estar tão convencido da visão que, ao compartilhá-la com a equipe, eles se sintam parte de algo significativo e transcendental. Um segredo fundamental nas relações humanas é que todos buscamos reconhecimento.

Então surge a pergunta: o que é melhor? Eu disse a eles: trabalhar como gerente intermediário em uma grande empresa multinacional ou colaborar sob a liderança de alguém disposto a chegar às grandes ligas? Todos respondem com entusiasmo: 'Claro, queremos chegar às grandes ligas.' Porque, em última análise, é fundamental aprender a inspirar a nossa equipa.

Ao contratar pessoal, você não está adquirindo apenas mão de obra, mas também o intelecto e a emotividade de cada indivíduo. Na verdade, este último constitui o recurso de alavancagem mais fascinante a que se pode aceder, especialmente quando se centra no desenvolvimento das capacidades e potencialidades dos colaboradores. É na esfera emocional dos colaboradores que se desencadeiam resultados verdadeiramente fantásticos.

Para construir uma equipe extraordinária é fundamental aprender a trabalhar com as capacidades individuais e, antes disso, refinar e esclarecer a visão. É fundamental que cada membro da equipe esteja integrado a um propósito específico que transcenda as partes individuais, gerando assim um impacto muito maior.

A visão que se projeta do negócio ou da atividade em que se está envolvido deve ser contagiante. Os colaboradores devem sentir-se extraordinariamente felizes e honrados por terem tido o privilégio de conhecê-lo e trabalhar com você, considerando-se um dos mais destacados empresários. Ninguém aspira trabalhar com quem está na base, pois quem o faz está simplesmente esperando a oportunidade de mudar para outra empresa. Até os maiores talentos do mercado são atraídos quando o foco é ter uma visão cristalina.

Uma recomendação de exercício nesse sentido seria consultar as biografias de profissionais de destaque na mesma área. Por exemplo, se você é médico, explore as biografias de médicos renomados; Se você é engenheiro, mergulhe nas experiências de engenheiros excepcionais; e se você é advogado, conheça mais sobre os líderes da área jurídica. Em cada profissão, existe uma "grande liga" ou "campeões" para competir. Cada campo tem competições e concorrentes de ponta, e é essencial explorar quem são os principais líderes da sua liga para obter inspiração e orientação.

É fundamental identificar quem está atualmente no topo da sua área profissional e entender os motivos de sua relevância. Investigue suas conquistas, decisões certas e erradas, bem como seu processo de formação. No comércio, por exemplo, conhecer figuras notáveis como Sam Walton, do Walmart, pode ser uma valiosa fonte de inspiração.

Se você já estudou alguma área e descobriu que não é sua melhor opção, não hesite em procurar outras alternativas e possibilidades. As biografias oferecem uma excelente fonte de informações para aguçar sua visão, proporcionando uma compreensão mais profunda do caminho percorrido por quem alcançou o topo em sua área de interesse.

A frase **"NOS OMBROS DE GIGANTES"** é verdadeiramente poderosa. Atribuído a Isaac Newton, ele encapsula o reconhecimento das maiores mentes que precederam sua área. Esta expressão simboliza a ideia de que o nosso conhecimento e conquistas são construídos sobre as contribuições e bases sólidas estabelecidas por aqueles que vieram antes de nós. Ao reconhecer a grandeza daqueles que vieram antes, destaca a importância de aprender com as experiências e sucessos daqueles que abriram o caminho, permitindo assim que o conhecimento e o progresso continuem a crescer. É um lembrete da dívida intelectual e do respeito para com aqueles que deixaram um legado na disciplina que perseguimos.

Estudar o trabalho de grandes mentes num campo específico é crucial para compreender as suas contribuições, identificar onde se encontra atualmente a fronteira do conhecimento e determinar como dar o próximo salto quântico. A análise de suas realizações esclarece as inovações e descobertas que fizeram. Ao compreender a evolução do conhecimento nessa área, podem ser identificadas oportunidades para contribuir significativamente.

O objetivo é transcender os limites existentes e avançar em direção a novas fronteiras. Esta abordagem envolve não apenas absorver o conhecimento atual, mas também questioná-lo, explorando áreas inexploradas e buscando conexões inesperadas. Ao fazê-lo, pode ser forjada uma visão única e profunda na área preferida de cada um, traçando um caminho a seguir que não só se baseia no que é conhecido, mas também procura a inovação e o progresso. Este processo de estudo e reflexão é essencial para aqueles que desejam contribuir de forma significativa e criativa em suas respectivas áreas.

Aliás, a título de exemplo: a criança que aspira ser jogador de futebol é muito pertinente. No campo do futebol, as biografias dos melhores jogadores oferecem uma rica fonte de aprendizagem. Ao estudar as experiências dos 10 melhores jogadores de futebol, o jovem pode aprender lições valiosas sobre disciplina, dedicação e os desafios que enfrentou no início da carreira.

Essas biografias não apenas fornecem informações sobre as táticas e habilidades técnicas que desenvolveram, mas também a mentalidade e a abordagem que adotaram desde tenra idade. Os jovens podem aprender sobre a importância do trabalho árduo, da superação de obstáculos e da perseverança na busca de seus objetivos.

Em suma, estudar as biografias de grandes jogadores de futebol não só inspira, mas também fornece orientações práticas para desenvolver competências e construir uma mentalidade vencedora desde cedo. Este conhecimento partilhado pode ser uma fonte valiosa de motivação e orientação para aspirantes a jogadores de futebol.

Desenvolver a visão de negócios é um processo fundamental para o sucesso no longo prazo. O benchmarking é, sem dúvida, uma ferramenta valiosa neste contexto. Existem dois tipos específicos de benchmarking que podem contribuir significativamente para a formação da visão: Benchmarking Competitivo e Benchmarking Genérico.

Benchmarking Competitivo: Envolve estudar e analisar as práticas e resultados de empresas concorrentes diretas do mesmo setor ou indústria. Permite identificar os pontos fortes e fracos dos concorrentes, compreender as tendências do mercado e descobrir oportunidades de melhoria. Essa abordagem ajuda a empresa a se posicionar estrategicamente e se diferenciar da concorrência.

Benchmarking genérico: concentra-se na comparação de processos e práticas internas com empresas de outros setores que apresentam melhores práticas em áreas específicas. Facilita a identificação de áreas de melhoria interna, promovendo eficiência e inovação. Ao adotar as melhores práticas, a empresa consegue alinhar seus processos aos seus objetivos estratégicos, contribuindo assim para a visão de longo prazo.

Ambas as abordagens de benchmarking são valiosas para o desenvolvimento da visão de negócios. Ao aprender com a concorrência e avaliar internamente as práticas mais eficazes, uma empresa pode ajustar a sua abordagem estratégica e operacional para alcançar uma visão mais clara e alinhada com os seus objetivos de longo prazo.

No caso de um cirurgião de prestígio, por exemplo, trata-se de encontrar o que há de melhor na área e comparar todos os resultados. A diferença de abordagens pode levar a melhorias mútuas. Ao analisar seus estudos, processos e procedimentos, bem como os desafios que tem enfrentado, você obtém um roadmap que indica quais aspectos podem ser melhorados para atingir altos níveis de excelência. O médico pode ser comparado à empresa Boeing, Google, Amazon ou Apple. Trabalhar com uma grande empresa pode catapultar seu negócio ou profissão para novos níveis.

Qual é o legado pelo qual você gostaria de ser lembrado? Esta questão, colocada num contexto de seminário, ajuda a visão a adquirir a marca da transcendência.

Se você atua em qualquer tipo de negócio ou indústria, o processo é exatamente o mesmo: a comparação, a definição de onde quer chegar e o início do refinamento da ideia. É crucial estabelecer e descrever a visão com absoluta clareza. Ao mesmo tempo, é fundamental ter a capacidade de persuadir a equipe e as pessoas ao seu redor, aquelas que acreditam em você e te observam diariamente, de que você é o líder ideal para levá-los do ponto A ao ponto B em um período. de tempo. certo. Este determinado período de tempo torna-se a janela na qual a empresa, empreendimento ou profissão pode alcançar algo realmente grande, algo de real importância.

Tive a oportunidade de trabalhar com profissionais e pessoas que não o são. Pela minha experiência, posso afirmar que quando um líder tem absoluta clareza sobre o rumo que está tomando, a equipe ao seu redor começa a trabalhar de uma forma extremamente interessante, gerando resultados marcantes. Esse fenômeno é surpreendente, pois permite que todo o processo de transformação de um indivíduo seja realizado para atingir seu potencial máximo. Facilita o crescimento pessoal, a expansão e o desenvolvimento contínuo, incentivando cada pessoa a crescer em termos de autoestima e autoimagem. Isto se traduz em uma equipe que se preocupa em treinar constantemente, que contribui com ideias para simplificar tarefas e que aumenta a eficiência de forma surpreendente. Todos se tornam parte integrante da visão, contribuindo para um ambiente de trabalho proativo e colaborativo.

Lembre-se que todos querem estar ao lado do vencedor; Ninguém aspira fazer parte da última empresa da lista, mas sim da primeira ou daquela que aspira fazer parte. No fundo, todos os seres humanos desejam fazer parte de algo grandioso. Às vezes já nos encontramos dentro de uma empresa renomada, mas outras vezes temos que entrar e trabalhar com dedicação, contribuindo para que a visão da empresa com a qual colaboramos alcance a grandeza. Trata-se de nos esforçarmos e contagiarmos os colaboradores que nos rodeiam para que também contribuam para o crescimento e a grandeza da empresa.

Com essas ideias, você poderá vislumbrar o rumo que tomará a empresa ou a profissão. Qual é o próximo passo? Pode ser uma expansão de mercado, uma maior inovação de produtos, a procura de novos e melhores fornecedores ou mesmo a exploração de um novo ramo de negócio. A chave é avaliar cuidadosamente as oportunidades e desafios que surgem e tomar decisões estratégicas que estejam alinhadas com a visão e os objetivos de crescimento que você definiu para si mesmo. Este processo envolve análise extensiva e planejamento detalhado para garantir a execução bem-sucedida da próxima fase de desenvolvimento.

Por fim, qual é a sua visão e qual é o legado?

Metas

As metas são aperfeiçoadas com experiência e tempo. À medida que aprendemos a estabelecer metas elevadas, o nosso ser e todo o nosso potencial interior começam a trabalhar em harmonia com essas aspirações. Quando as metas são baixas e insignificantes, falta-nos energia e motivação para realizá-las.

Geralmente, queremos que os nossos objetivos sejam realistas; Contudo, este livro sugere algo diferente: que os objetivos devem ser completamente irrealistas, quase impossíveis. Como diz o ditado popular, devemos apontar para que a lua chegue à montanha. A verdade é que somente quando nos concentramos em alcançar o que parece inatingível e perseguimos isso com determinação, somos capazes de alcançá-lo. Ao avançarmos em direção ao que é difícil, o que parece realista torna-se fácil de alcançar. Quando estabelecemos metas que para a maioria parecem impossíveis, e mesmo assim as alcançamos, vivenciamos algo maravilhoso: começamos a crescer como seres humanos.

As metas devem ser de natureza irrealista e devem ser continuamente ajustadas. Quando atingimos um objetivo, é crucial definir o próximo. No exemplo que exploramos ao longo do livro, a primeira meta poderia ter sido US$ 1.000, US$ 2.000 ou US$ 3.000, mas acabou sendo definida em US$ 10.000. Quando chegamos perto desse número, a meta irrealista foi imediatamente elevada para US$ 100.000. Surpreendentemente, as ideias que surgiram para realizar estas atividades centraram-se em atingir vendas de 100.000 dólares por dia. Eu até descobri como ganhar $ 32.000 dólares em um dia.

Isto implica que se os nossos objetivos de vida forem modestos, as ideias geradas pela nossa mente, pelo cérebro humano, também serão limitadas, destinadas a pequenas coisas. Não faz sentido para a mente gerar a ideia de vender US$ 100.000 diariamente quando a meta real é US$ 1.000. Em termos de tempo, todos temos as mesmas vinte e quatro horas por dia, sendo que a maioria passa oito horas descansando e tendo dezesseis para as atividades diárias.

A diferença nos resultados entre as pessoas está no nível das metas que estabelecem. Portanto, é essencial aprender a estabelecer metas completamente irrealistas desde o início, apesar da noção comum de que as metas devem ser realistas. Somente superando metas que parecem inatingíveis é que se ganha autoridade para dizer: 'Se eu consegui, você também consegue'. É crucial compreender que atingir uma meta irrealista leva tempo. Esse aspecto do tempo é o que compartilhei ao longo deste texto, e se tivesse demorado três vezes mais ainda teria valido a pena.

Atividades a serem executadas

As atividades que devem ser realizadas são ideias que podem surgir no dia a dia. As ideias iniciais que você pode ter para atingir seus objetivos evoluirão e melhorarão com o tempo. Durante o processo de ideação inicial, é possível que em apenas oito dias, e menos tempo ainda, no meio do mês ou em dois meses, as atividades necessárias para atingir seus objetivos sofram modificações ou completem determinados aspectos. À medida que avança, gere novas ideias no conjunto de atividades a serem desenvolvidas, e cada uma delas se concretiza. Se você formar equipes para executá-los, poderá consolidar o talento humano sem precisar da sua presença constante. Ao formar grupos orientados para objetivos específicos, cada equipe responde a um objetivo estabelecido. Estratégias e ideias surgem para execução e, à medida que você as coloca em prática, você aperfeiçoa as novas ideias.

Um dos segredos que descobri e compreendi foi o poder da oração a Deus. No início, as ideias que surgiram não permitiram um crescimento suficiente, mas com o tempo, grandes ideias começaram a chegar, principalmente à noite, muito tarde. Essas ideias foram o que causou a grande mudança. Inicialmente, eu teria me esgotado tentando ter todas as ideias que acabei executando. Pela minha própria experiência, sei que essas ideias surgirão. A única coisa crucial, o que fez a maior diferença no processo, foi ter absoluta clareza sobre o meu rumo e o que precisava fazer. O sonho ou visão era estabelecer uma empresa com presença nacional. No entanto, a primeira meta que estabeleci foi vender US$ 10.000 por dia, uma meta ambiciosa. Ele sabia que se conseguisse vender aquela quantia numa cidade com menos de vinte mil habitantes, estaria destinado a grandes coisas. Estabeleça grandes objetivos em sua mente. Quando você os alcança, você se pergunta por que não se propôs a algo ainda maior, e esse é o ponto.

Imagine por um momento que todas as grandes ideias virão até você de uma vez, quão difícil e opressor seria para todas elas chegarem ao mesmo tempo, os recursos e a capacidade de executá-las seriam muito avassaladores, o que poderia até gerar uma deserção da intencionalidade. Portanto, as ideias, à medida que são executadas e aperfeiçoadas ao longo do tempo, chegam na medida gradual do que você precisa, essa medida de perfeição, não sei exatamente como é, mas vi que funciona. No primeiro dia nem todas as ideias chegaram, nem no dia 20. Durante todo o período foram chegando os melhores aprendizados que deram certo.

Assim, as ideias surgirão, fluirão e a execução adequada de cada uma delas é crucial. Não basta simplesmente dizer à equipe de trabalho o que fazer; É preciso dar o exemplo, inspirar e mostrar que a ideia funciona. Às vezes, mesmo que você explique a ideia para a equipe, eles podem não entendê-la totalmente. Portanto, é fundamental monitorar constantemente: Como vai? O que você acha da ideia? Eles estão executando isso? Que desafios surgiram? Perante estes problemas emergentes, é essencial fornecer soluções imediatamente. Tudo deve fluir e se consolidar gradativamente para alcançar aquelas grandes ideias que você realmente procura.

Agora, aproveite o tempo. Muitas vezes subestimamos o trabalho que pode ser feito em 20 meses e superestimamos o que pode ser alcançado em uma semana ou um mês. Ao falar em objetivos grandiosos, é comum sermos mal compreendidos, pensando que eles podem ser alcançados em pouco tempo. Quero ser muito claro: objectivos ambiciosos levam um tempo considerável a desenvolver. Para definir metas elevadas, você deve gerar um conjunto de ideias diversas que permitirão ações multifacetadas. Esse processo envolve atacar todas as frentes e avaliar qual é a melhor ideia. É crucial analisar e determinar quem da sua equipe pode executá-lo de forma mais eficaz. Este discernimento é fundamental para levar a cabo e concretizar esses objectivos ambiciosos.

Seguir

Certamente, você pode escrever o modelo VIMAS completo. Quando terminar, você dirá para si mesmo: 'Consegui!' e você experimentará uma sensação de satisfação. Você sentirá alegria por ter um mapa mental claro, breve, compreensível e gerenciável. As ideias fluem. Até este ponto, tudo isso poderia ter sido um exercício acadêmico, e você poderia ter obtido uma nota perfeita em uma planilha em seu primeiro planejamento trimestral. Você poderia até ter estendido o planejamento para um ano inteiro, embora eu não recomende. É preciso dedicar tempo à sua mente, à sua equipe de trabalho e à sua conexão com Deus para que você possa gerar as melhores ideias. O acompanhamento que você dá às ideias que já teve é crucial para fornecer feedback diário. Você decidiu vender US$ 10.000 em um dia, e o que aconteceu hoje? Você vendeu $ 400. Pois bem, vamos avançar com a próxima ideia e estratégia, sem desmoralizar e evitando pensamentos negativos. Feedback constante é essencial para o sucesso contínuo.

Pensamentos negativos são prejudiciais e tendem a aparecer quando você menos espera. É triste, mas é a realidade: pensamentos negativos podem transformar grandes ideias em enormes estantes que nem conseguimos ver, sendo relegadas aos cemitérios das ideias de homens que podem ter sido grandes em diversas áreas. Muitos deles não tiveram acesso a uma metodologia como a que o leitor está explorando neste momento, uma metodologia que lhes dá a certeza e a segurança de que, se focarem e determinarem, conseguirão alcançar o sucesso.

Portanto, a chave agora é determinar e acompanhar com precisão o que aconteceu a cada dia e semana. Quem está ficando mais forte com a ideia? Quem na equipe está comprometido com a ideia? Como posso melhorar a ideia, que já está em prática? A ideia quatro está gerando os resultados esperados ou até mesmo superando as expectativas? Agora, como aproveitar esse novo conhecimento para aperfeiçoar as demais ideias? Além disso, é fundamental identificar os recursos necessários para cada ideia, pois cada um representa uma atividade que deve ser executada. Muitas vezes, pode-se ter uma ótima ideia, mas não executá-la, e é aí que a oportunidade se perde. A chave do sucesso neste trabalho, se você me perguntar o que é mais importante, é o acompanhamento diário. Todas as manhãs, reserve um momento para revisar sua visão, objetivos, atividades a serem executadas e os resultados obtidos. Não se trata apenas de fazer, mas de garantir que os resultados obtidos estejam alinhados com as expectativas. Se você conseguir isso, estará no caminho certo para o sucesso que busca.

Além disso, aprenda a delegar. Envolva a sua equipa em todo o processo, permitindo-lhes compreender e participar no acompanhamento. Ensina a metodologia para que eles possam fazer o seu próprio monitoramento e aprender a fazer isso uns com os outros. Pergunte à sua equipe: 'Como vai a estratégia número um?' ou 'Como foi a estratégia número dois?' Explore suas experiências e desafios. Incentiva o feedback entre eles, gerando um dicionário de objeções para gerenciar os diferentes motivos pelos quais os clientes podem rejeitar um produto. Esse dicionário é o registro, o conhecimento organizacional e a sabedoria que sua equipe acumula para enfrentar diversas estratégias. Investir na capacitação constante de sua equipe para aprimorar suas estratégias cria uma equipe consolidada, pronta e disposta a abordar metas e estratégias futuras.

Por fim, deve ser destacado e colocado em negrito porque isso é o mais importante: **ACOMPANHAMENTO** . Se não houver acompanhamento, tudo não passa de um exercício acadêmico, um trabalho no qual você investiu tempo, um dia, uma hora; Você criou algo lindo em uma folha de papel em branco, mas se não acompanhar isso todos os dias, se não pensar nisso diariamente e se não orar a Deus com gratidão e fé, pedindo a Ele que ajudá-lo, abençoá-lo, iluminá-lo, dar-lhe sabedoria e inteligência para concretizar essas ideias, o resultado pode simplesmente ser diferente.

Supere obstáculos e desafios

Via de regra, quando o ser humano se propõe grandes desafios e metas, sempre enfrentará obstáculos. A melhor forma de enfrentar esses obstáculos é entender que eles estarão presentes para todos, sempre haverá desafios. Os obstáculos podem ser comparados a uma série de degraus ascendentes. Cada obstáculo superado, cada desafio resolvido, não só permite avançar, mas também contribui para o crescimento da autoestima, da autoimagem e da credibilidade consigo mesmo. Dessa forma, cada melhoria o impulsiona a continuar crescendo.

Henry Ford: Enfrentou desafios tecnológicos e financeiros ao introduzir a produção em massa de automóveis; Steve Jobs: Superou as adversidades e os fracassos iniciais para transformar a Apple em uma das principais empresas de tecnologia do mundo; Elon Musk:

Enfrentou inúmeros desafios para empresas líderes como Tesla e SpaceX, desde questões de produção até desafios tecnológicos na exploração espacial; Jeff Bezos: Construiu a Amazon do zero, superando desafios financeiros e operacionais para torná-la o gigante do comércio eletrônico que é hoje; Walt Disney: Enfrentou inúmeros fracassos e dificuldades financeiras antes de estabelecer o império do entretenimento que leva seu nome.

Definir obstáculos é reconhecer que todos nós, em algum momento de nossas vidas, enfrentaremos desafios constantes. A chave está em superá-los em nosso percurso. É como um trem de alta velocidade que encontra pedras em seu caminho; Se a resistência e a potência do carvão que alimenta a sua chaminé forem suficientes, o obstáculo será simplesmente superado. Quando o sonho e a visão da sua empresa são claros, os obstáculos tecnicamente não existem. Pelo contrário, são oportunidades de melhoria e crescimento, professores do destino que nos ensinam novas competências e habilidades que precisamos desenvolver. Olhar os obstáculos de forma positiva nos permite vê-los como aliados no nosso crescimento. Nunca deveríamos ver um obstáculo como o fim do caminho; em vez disso, eles estão lá para nos impulsionar a crescer. Ninguém pode estar isento de obstáculos ou desafios. Portanto, é fundamental desenvolver a inteligência emocional para sobreviver a eles.

No mundo dos negócios, haverá obstáculos financeiros, de vendas, de produção, jurídicos e muitos outros. A lista de possíveis obstáculos é interminável, mas ao vê-los como oportunidades de crescimento para nós e para a nossa equipe, cada desafio se torna uma oportunidade para o conhecimento organizacional crescer e abrir as portas para grandes resultados. Então, se o seu propósito de vida é crescer, seja bem-vindo ao fascinante mundo da superação de obstáculos!

Se você olhar para o cenário das maiores empresas do mundo ou mesmo para os profissionais que alcançaram os maiores picos em suas áreas, perceberá que a única diferença entre elas é a quantidade de obstáculos que enfrentaram. Obstáculos são corridas destinadas a aprimorar seu personagem e aprimorar suas habilidades, bem como as habilidades e o caráter de sua equipe.

Cultive hábitos positivos e produtivos

Nessa metodologia, o hábito diário de orar, o hábito diário de rever os planos e a visão que temos, e o hábito diário de repetir a missão ou meta que tenho que cumprir. Esse objetivo se torna uma obsessão, pensar nele todos os dias, mantendo a mente e a equipe focadas em como alcançar e superar. Nada é útil se não estabelecermos uma meta e não pensarmos nela novamente até que se passem 6 meses. Com essa metodologia, a ideia é revisar diariamente a meta para chegar cada vez mais perto dela, lembrando que os sonhos e a visão do negócio são alcançados aprofundando-se nas metas diárias.

Nesta metodologia, são gerados quatro microciclos por ano, resultando em dezesseis microciclos em quatro anos. Essa abundância de planos e atividades executadas pode permitir que grandes resultados sejam alcançados por meio de um trabalho contínuo, persistente e sem desistências. Embora as atividades a realizar possam mudar ao longo do tempo, os objetivos devem permanecer constantes. A meta deve ter uma data exata para ser alcançada, e ficar obcecado por isso, pensar nisso constantemente, até na hora de dormir, pode gerar ideias espetaculares para alcançar.

No processo, é essencial mudar o objetivo, uma vez alcançado, para evitar a complacência e continuar avançando. A metodologia se baseia em passar do ponto A ao ponto B, preenchendo e difundindo hábitos positivos, como o acompanhamento diário do seu progresso. Traçar e revisar diariamente seus objetivos e visão lhe dará uma estrutura mental que você gosta, lembrando-o de onde deseja ir. A fé em si mesmo e a confiança em Deus são fundamentais para manter a energia e a crença de que você alcançará o que se propõe. A metodologia busca estabelecer hábitos positivos que permitam construir e construir o que você propõe.

Relacionamentos e Redes de Apoio

É extremamente importante construir relacionamentos e redes de apoio ao longo de sua jornada. Ao longo do caminho, você perceberá que os contatos são essenciais para chegar a clientes, fornecedores e novas oportunidades. As pessoas que você conhece podem se tornar impulsionadores e promotores de seus negócios. Aprender a se conectar positivamente com eles, causando uma boa impressão, é fundamental para que se tornem verdadeiras redes de apoio que o ajudem a consolidar seu negócio e projeto.

Eles contribuem com seu conhecimento e experiência. Por exemplo, se você tiver a oportunidade de falar com um empreendedor de sucesso e apresentar-lhe o seu projeto, em poucas palavras ele poderá fornecer a orientação que você precisa. Às vezes, tudo o que precisamos é de uma palavra de incentivo ou sabedoria para superar obstáculos e crescer mais rápido. Vivemos em um mundo interconectado, onde a inteligência infinita se desenvolve diariamente. Colaborar com mentes brilhantes gera mudanças incríveis no mundo.

É essencial aprender como se conectar com os melhores em sua área e em outras. Explorar novas formas de pensar e buscar inspiração em diferentes áreas pode impulsionar o crescimento da sua empresa ou organização. A Bíblia, por exemplo, é um livro maravilhoso que contém uma sabedoria incomensurável e transcende todas as idades e desafios. Conectar essa sabedoria aos desafios e obstáculos da sua empresa pode fornecer uma orientação valiosa em todas as etapas e esferas da sua organização.

Comemore e aprenda

É fundamental lembrar a importância de comemorar os sucessos, por menores que sejam. Não se esqueça de comemorar cada conquista, parabenizar sua equipe e se tornar seu maior divulgador. Lembre-se também de se parabenizar, principalmente porque você enfrentará desafios ao almejar grandes objetivos, conforme proposto neste livro. O processo de atingir metas ambiciosas envolve horas de reflexão sobre como superar obstáculos e consultas com profissionais de diversas áreas. A cada conquista, dê a si mesmo espaço para recompensar e reconhecer seu esforço. No caso de escrever um livro, cada página avançada é uma vitória, por isso parabenize-se constantemente.

Cultive sua atitude mental e fortaleça sua autoestima. Não deixe nada te derrubar. Aprenda a acumular aprendizado com cada falha. A vida está testando você e cada obstáculo é uma oportunidade de crescimento pessoal e humano. Veja quantas personalidades e empresas surgiram em tempos de grande pressão. Por exemplo, Gabriel García Márquez concebeu a ideia de "Cem Anos de Solidão" numa viagem a Acapulco e trancou-se durante 6 meses para escrevê-lo.

Ao fazer perguntas-chave a si mesmo, como o que você pode fazer e no que é bom, você pode descobrir seu verdadeiro potencial e concentrar sua energia no desenvolvimento. Grandes exemplos, como Jeff Bezos e Elon Musk, demonstram que construir sobre as bases das relações humanas, contactos e amizades é essencial para alcançar o sucesso empresarial. A construção e construção nestas bases são elementos-chave que levaram estes empreendedores ao topo.

Terceira parte Outros Mapas

Nesta seção do livro é apresentada uma breve introdução anedótica que busca ilustrar como a aplicação dos princípios do sucesso, previamente explorados em funções empresariais na primeira parte do trabalho, também pode gerar resultados excepcionais em contextos completamente diferentes.

A forma como os acontecimentos se desenrolaram poderia ser considerada outra forma de descobrir ou construir o mapa. Esta história foi desenvolvida graças à leitura de "The Magic of Psychotropic Power", de Robert Stone.

O livro destaca três elementos cruciais para alcançar qualquer coisa na vida. Primeiro, é preciso comprometimento, especialmente consigo mesmo, sobre o que você realmente deseja alcançar. Em seguida, sugira que você se comprometa com outra pessoa, pois compartilhar seus objetivos causará uma grande vergonha se você não alcançá-los. Além disso, enfatiza a importância de repetir constantemente o desejo ou objetivo que você busca. Por fim, destaca que é fundamental trabalhar para que isso se torne realidade. Tendo este contexto em mente, estou pronto para partilhar como esta filosofia contribuiu para um feito desportivo interessante na minha vida.

Esporte

Em 1997, recém-chegado ao município de Quimbaya, no departamento de Quindío, tinha 18 anos e dois anos antes havia sido vice-campeão nacional e internacional de luta olímpica. Naquela época, meu maior desejo era continuar minha carreira no esporte.

A mudança de cidade se deu por problemas de trabalho do meu pai. Vivenciamos a primeira falência financeira na família, a bebida alcoólica e a gestão descuidada dos negócios nas mãos de funcionários sem supervisão nos levaram ao ponto de termos que dormir na van, com nossa casa destruída economicamente. Foi um período desafiador para todos nós.

Perante a crise familiar, os meus pais optaram por mudar-se para este concelho, motivados pela presença da sobrinha da minha mãe como único elo para a mudança de concelho. Quando soube dessa decisão, estava determinado a não ficar em um lugar onde não pudesse treinar meu esporte. Eu tinha em mente voltar para Pasto e continuar meu treinamento caso não conseguisse no novo departamento.

Nessa idade você acredita que as coisas são feitas da mesma maneira que você está acostumado. Quando cheguei contactei a entidade desportiva departamental para saber o local e horários dos treinos.

A primeira realidade que precisei aceitar foi que o local de treinamento ficava a uma hora de distância de transporte intermunicipal, e bem, quem poderia arcar com essas despesas?Se estivéssemos apenas nos recuperando de uma falência.

Uma vez fui de bicicleta, acreditando que poderia continuar treinando dessa forma, mas depois de duas horas de viagem só de ida, entendi que o investimento das quatro horas, das quais duas delas seriam noturnas, havia sido gasto. descartado em meu plano recente. Os treinos eram três dias por semana: segunda, quarta e sexta das 18h às 20h, eu treinava na academia anterior das 16h às 21h, foi outra mudança complexa.

De atleta a treinador

Não me lembro como, o presidente da Liga Desportiva Don Ibert Naranjo e o treinador departamental Jorge Barón decidiram iniciar um processo desportivo no município, e nos seus planos era nomear-me treinador, foi o primeiro emprego que consegui ficou diferente do negócio da família.

Com o novo cargo, me preparei para fazer o que um treinador deve fazer, formar os clubes esportivos para formar a liga esportiva, a máquina de escrever Olivetti vermelha começou a funcionar, digitando com as duas mãos com o dedo médio. -Tinha recebido aulas de datilografia na escola, mas a indisciplina não me permitiu aprender muito, a única coisa é que acabei formando três clubes esportivos, - e convenci conhecidos maiores de 18 anos a fazerem parte dos clubes., eu precisava de 15 pessoas por clube, e não sei como mas consegui, e os clubes foram formados, digitados por mim.

Promoção do esporte

Pensando no cargo, a promoção continuou, fui de sala em sala em cada escola do concelho, promovendo o desporto, aí comecei a dar-me a conhecer no concelho, e desta forma e com seis lençóis ou tapetes macios, eu Iniciou atividades esportivas em Quimbaya. Cerca de 45 entusiastas da aprendizagem atenderam ao chamado.

Vendo esses resultados da convocação, o presidente da liga conseguiu vinte e um módulos de dois metros por um, em material cassata próprio para quedas, e me forneceram uma lona amarela, a prefeitura municipal já havia me cedido um espaço , e tudo estava pronto para começar.

Com muito entusiasmo, às três da tarde iniciamos o treinamento que durou três horas. As crianças estavam muito felizes, eram de idades diferentes, os mais novos eram os irmãos Mosquera, que tinham 5, 7 e 9 anos. O potencial neles era evidente. Ele tinha mais ou menos a minha idade, uns 17 anos, e foi aí que as aulas começaram a acontecer. Agora você pode perguntar: o que ele ensinou?

Esportes de combate

Na minha formação como atleta, passamos cerca de quatro anos treinando como lutador, antes da minha primeira competição. Mas o início do esporte foi primeiro com o futebol por volta dos 7 anos, poucos dias depois de ter os guayos desisti.

Um cliente frequentador do restaurante (empresa familiar), que era boxeador, um homem de pele escura e aproximadamente 1,90 de altura chamado 'Palomo', cujo apelido era em homenagem ao jogador de futebol "Palomo Usurriaga", decide me convidar para aulas de boxe no Coliseu. Sergio Antonio Ruano.

Feliz no meu novo esporte, pratiquei com muita dedicação aos 10 anos, lembro nas aulas de educação física na escola, que o professor, por algum motivo , me obrigou a fazer o aquecimento na aula dele, e lembro de colocar meus colegas jogaram o ya e o hopper enquanto corríamos.

Pronto para o Quadrilátero

Eu vinha treinando com dedicação há alguns meses, e entre sombras e pancadas no saco de pancadas, me ocorreu fazer a seguinte pergunta: Professor, quando vou lutar no Ringue? Já sabia colocar os curativos e respirar com o protetor bucal não era mais problema, já queria saber a data da minha estreia.

O professor me escuta, me vê, e com as mãos cerradas na cintura, ele se abaixa respirando, e solta uma risada. Acho que lembro até com lágrimas de tanto rir. disse, só o momento engraçado que imagino que ele tivesse.

Pendurando as luvas

No dia seguinte não quis voltar e não voltei a treinar boxe, resolvi sair praticamente "humilhado", não me lembro de ter falado com ninguém sobre minha decisão, simplesmente tomei, fui embora e eu não contei essa história até agora.

O professor era um treinador muito bom, trouxe vários campeões nacionais e treinou um dos grandes boxeadores da época, Nariño Newton Villarreal. Com um pouco mais de tato por parte da professora para mim, de 10 anos, teria sido uma história diferente a que foi escrita aqui, se é que foi escrita.

Primeira luta de boxe

Estudamos na mesma escola com Newton Villareal, na Roosevelt School, e pela fama que já ganhava sabia levar luvas de boxe e capacete para a escola. Três anos se passaram desde minha aposentadoria definitiva do boxe, mas o boxe me assombrava.

Nas séries superiores tinha um aluno chamado 'Pato', era um daqueles garotos baixinhos, que todos respeitavam porque ele tinha adquirido habilidade em luta de rua, e era luta olímpica.

Um dia o Pato estava de luvas na escola, enquanto Newton promovia um competidor, vi que ninguém entrava no ringue. Com uma diferença de idade considerável, lá estava eu, decidido a entrar com dois meses de aulas, "algo" que eu sabia, resolvi entrar para tentar o combate de verdade.

A luta não durou muito, e se não fosse Newton a luta teria terminado em nocaute, com esse servidor no chão. Lembro que recebi uma rajada de golpes seus no rosto, e a única coisa que fiz ao invés de me defender foi bater com a mesma intensidade em golpes cruzados, na mesma velocidade, nós dois nos acertando ao mesmo tempo em um frenesi.

Devo admitir que Pato foi o vencedor justo nesta luta de boxe na escola. Depois de saber que se tratava de luta livre, resolvi convencer meus amigos do quarteirão onde morava, junto com meus dois irmãos, e dizer-lhes que viessem comigo aprender sobre luta livre, que era uma academia diagonal ao boxe, eu conhecia o maneira perfeitamente.

Vindo para lutar

Chegamos na academia, e para surpresa de nós 7 que íamos para a academia, nos atendeu um jovem dois anos mais velho, que muito gentilmente nos convidou para continuarmos na academia de luta livre, e nos treinou pela primeira vez . O amigo treinador, um dos grandes do Nariño, Jhon Jairo Barbosa, que nos auxiliou, treinava há aproximadamente dois anos.

Lembro que depois dos exercícios, da ginástica e da técnica ele fez a gente brigar entre nós, depois ele lutou com a gente. Naquele dia lembro que foi um grande dia para mim, venci todos os meus amigos, e até o Barbossa, embora escrever estas linhas seja muito possível, e acho que foi, meu novo amigo, simplesmente se deixou vencer, para que eu sinta motivação suficiente para continuar treinando.

Três anos depois estou a caminho do primeiro campeonato nacional em Palmira Valle. Decidi por experiência própria não perguntar de novo, melhor, quando eu iria para um campeonato nacional? Eu nem sabia que eles existiam, apenas treinei e me diverti. Tínhamos um treinador sempre que lhe pagavam, no resto do tempo os mais avançados faziam-nos o favor de nos treinar e, portanto, sem um plano de treino, fazíamos o que acreditávamos que tínhamos que fazer para sermos bons.

Plano de treinamento

A forma como os veteranos nos ensinaram foi: uma hora de arquibancada, uma hora de ginástica, uma hora de técnica, uma hora de luta livre e uma hora de musculação. Geralmente fazíamos isso todos os dias, e essa era a preparação, para chegar aos pesos, não tinha muita energia mas alguma coisa foi feita.

Foi isso que vim desenvolver na docência, não tinha me preparado para ser treinador, nem sabia a quem pedir, mas a vontade de continuar no esporte me fez começar a lecionar.

Como ser um campeão?

Já na posição de técnico, treinando uma equipe, atletas aprendendo, tudo que ele fez até agora. Lembro que só queria ir treinar, mas para isso precisava ser treinador, tudo que tinha que fazer não estava programado na minha cabeça, só queria treinar.

Llega el anuncio del siguiente campeonato, tres meses para prepararme, no tengo entrenador, no tengo sparring de mi mismo peso, no tengo alguien que me enseñe, no tengo libros, nada a mi favor, sólo un entrenador a una hora y el otro a hora e meia. Estou sozinho, só tenho a lembrança de um livro que li há muito tempo, A Magia do Poder Psicotrônico.

"Quando você não tem mais nada a seu favor, tudo o que você tem é a única coisa que você precisa."

Quando você não tem mais nada a seu favor, tudo o que você tem é a única coisa que você precisa. No livro entendi três coisas importantes: primeiro, defina o que você quer; segundo, comprometer-se a alcançá-lo; terceiro, repita constantemente o que deseja.

"Resolvendo meu primeiro mapa"

O que? Já estava claro, ele queria ser campeão nacional. Claro e conciso como deveria ser, determine O que você quer?

Compromisso, o livro deixava bem claro que o compromisso tinha que ser comigo mesmo, e com uma pessoa respeitável ou admirável. A primeira pessoa a quem prometi ser campeã nacional foi a minha tia Ofélia. Ela é daquelas tias que sempre foram prestativas e preocupadas para que a gente pudesse progredir, ela estendia a mão para nós quando as coisas iam mal financeiramente. Eu não tinha como retribuir tudo que ele fez por nós, então chorando e em agradecimento, me despedindo do novo lar, prometi a ele. Senti uma força muito grande com esse compromisso, naquela época eu não sabia para onde iria e o que iria encontrar.

Na nova casa não sabia com quem exatamente assumir esse compromisso, então resolvi fazer também com o prefeito municipal e com os atletas que treinei.

Quando fui ficar noiva do presidente da Câmara, que ia ser campeão nacional no próximo campeonato, senti o que o autor precisava que alguém que seguisse as suas linhas sentisse. O comprometimento que adquiri foi tão forte para mim que os obstáculos de não ter treinador, sparring e local adequado para treinar não existiam, nem pensei nisso, até depois de ter conseguido refletir sobre o assunto, e mesmo décadas.

Por causa da "boca", acho que consegui pensar ou talvez pense agora, o compromisso já estava assumido, e eu não podia desistir, toda a minha reputação estava em jogo, e tudo dependia exclusivamente de mim. Sem conhecimento ou experiência suficiente, decidi fazer tudo ao meu alcance.

Fiz tudo o que lembrava sobre como tive que treinar. Algo que hacía para tener fuerza, era un juego que se llamaba, todos contra el entrenador, y todos los deportistas venían contra mí a derribarme, y yo a no dejarme, esto se convirtió en rutina clave de la preparación, no tenía más que hacer no momento.

No compromisso, Stone destacou que tinha que ser com aquela pessoa, que se você a visse de novo na vida, teria vergonha de contar, fiquei em segundo lugar ou perdi, você deveria sentir aquela vergonha de não ter conseguido.

A terceira coisa que lembrei do autor foi que era preciso repeti-lo diariamente e em todos os momentos. Tinha pensado em várias frases para repetir a todo momento, essas eram: vou ser campeão e vou vencer. Eu decidi: **VOU GANHAR** . Tornou-se meu grito de guerra. O dia todo eu repetia isso para mim mesmo, quando treinava, quando tomava banho, nas refeições, antes de dormir, ao levantar, no ônibus para a competição, em todos os momentos.

Repeti várias centenas de milhares de vezes, não me lembro quantas, na competição quando vieram os ventos do medo, repeti a frase para mim mesmo, no aquecimento também fiz, em todos os momentos, a única coisa que fiz repeti para mim mesmo foi isso.

Chegou o dia da competição, o nervosismo acompanha o processo, mas a frase "vou ganhar" os assustou. No dia da competição estava ao meu lado um treinador experiente, o professor Jorge Barón, que liderou o esporte e o fundou em vários departamentos, que formou uma das pedreiras de atletas de maior sucesso na Colômbia em sua vida, e seus alunos continuam para dar ótimos resultados, agora como treinadores.

A primeira luta vou contra o Valle, o Quindío contra o Valle, uma luta de cinco minutos. Lembro-me de uma briga muito forte, da sensação de medo e nervosismo que se sente quando ouve o chamado "Andrade para Quindío, prepare-se" no alto-falante, **EU VOU GANHAR** , tive que repetir e deu certo, uma frase me lembrou de todo o propósito de por que eu estava lá.

Na próxima ligação "do departamento de Quindío Andrade", o dia havia chegado, a preparação era voltada para aquele dia especial, aquela competição, caminhei até o colchão e repeti para mim mesmo **EU VOU GANHAR** , eu tinha que fazer isso, eu já havia desenvolvido o hábito de repeti-lo constantemente.

Entrando no tatame **EU VOU GANHAR** , olhando para o árbitro, o adversário, ouvindo o bar alto de Vaaaaaaaalleeeee, ecoava em meus ouvidos, mas a voz mais alta em mim era **EU VOU GANHAR** . Nos cumprimentamos e estamos em posição de iniciar a luta **EU VENCEREI** .

Os apitos, o que eu ansiava havia começado, **VOU GANHAR** , começando a luta, um adversário muito forte, **VOU GANHAR** , que frase poderosa, sem esse método mental Valle teria vencido, eu não não tenho a menor dúvida. Desde o início recuperei o placar, foi uma luta muito equilibrada, no final do tempo ganhei por um ponto, 5 a 4. Meu treinador no escanteio feliz, e o filho dele que era o técnico do departamento que participou como um juiz nacional se aproxima de mim e me diz: "Agora somos o terceiro". Éramos 4 na competição, ganhei uma luta, nas minhas contas perdi mais duas, terminei em terceiro.

Quando me aqueci repeti a frase vou vencer, quando entrei no tatame repeti a frase, durante a luta só estava focado em vencer, nos momentos cruciais de ganhar ou perder saiu uma força interna, Não queria sentir vergonha de dizer para a prefeita que perdi, ela me deu forças para não me derrotar. Às vezes você não perde uma competição, você se deixa derrotar, e essa frase vou ganhar e esse método não me deixaram desistir.

Na próxima luta, o Valle vai com o Bogotá, na arquibancada eu fiquei maravilhado com a luta, o do Bogotá, ele bateu, aquele que me custou tanto trabalho para vencer. Imediatamente começaram a aparecer os medos de que eu pudesse perder quando jogasse em Bogotá. **EU VOU GANHAR** .

Quindío contra Bogotá, a frase me repetiu e me tirou do ciclo de pensamentos, em que havia visto a surra anterior. Teve uma parte de mim que achou que eu tinha perdido a luta, mas a frase, um monte de frases, me encheu de coragem, me aqueci e entrei no tatame.

Entrar e terminar a luta tão rápido que não consegui entender porque o concorrente de Valle foi derrotado de forma tão contundente.

Luta seguinte, Antioquía contra Valle, a luta foi parecida com a anterior, Antioquía venceu Valle com muita facilidade novamente. Mais uma vez esses pensamentos vêm, o mais difícil da categoria foi Antioquia. Novamente a frase; **VOU GANHAR** , para colocar a cabeça em sintonia e passar para a final.

O Quindío Final vs Antioquia

O mesmo processo, repetir constantemente o que estava na minha mente, repetir constantemente o meu desejo, a frase " **VOU GANHAR"** me serviu muito neste torneio, afugentou o medo natural que se sente ao entrar na competição.

Já no colchão, apliquei uma técnica de arremesso, e meu oponente ficou deitado (ambas as omoplatas no chão do colchão), já no chão e sem conseguir se defender, resolveu morder uma parte do meu peitoral superior, perto do ombro para que Solte, aperte com mais força e ganhe o campeonato.

A esta experiência desportiva devo acrescentar o reconhecimento à família dos lutadores Risaralda, aos três irmãos Echeverri e ao pai e filho Jorge Baron, que nos bastidores deram o seu melhor apoio neste processo.

Anos depois conheci um amigo da equipe Valle, que me contou que depois de perder a luta comigo, ficou desmoralizado e já planejava vencer, quando viu que não podia mais, não tinha interesse no pódio, ele saiu para competir por cumprir o dever de não abandonar fisicamente, pois moralmente já havia abandonado a competição.

taekwondo

Fiz a próxima experiência semelhante usando esta metodologia no Taekwondo. Eu estava na universidade e tive que tirar um crédito esportivo por obrigação, olha o que tinha, e a coisa mais próxima da luta livre olímpica era o taekwondo.

Sempre quis praticar este desporto, a mensalidade não me permitia começar, mas se tivesse perguntado ao pai com certeza teria pago quando era criança, a verdade é que nunca lhe contei, presumi que ele não pagaria . Meu pai só gostava que eu me concentrasse no trabalho.

Já na universidade entrei nas aulas, no primeiro dia o treinador entrevistou-me e além de outro colega de Karaté, disse-nos se queríamos ir a um campeonato nacional aberto de artes marciais. No boxe perguntei quando e o professor riu, no wrestling não perguntei por mais de três anos fui para o primeiro, e no taekwondo na primeira aula já me avisaram quando estrear.

Eu disse a ele: "Certamente você acha que posso ir, se não sei muito sobre esse assunto". O treinador me disse, você sabe competir, é o mais importante. Quinze dias depois da minha estreia, ele me explicou seis chutes principais, as defesas, e como ele só treinava aos sábados, e eu já tinha compromisso, comecei a treinar em casa, à noite.

Já na sala de aula, contei aos meus colegas, todos começaram a rir, pensando que iam me dar uma surra tremenda. Não gostei disso, então repeti o método novamente, o Quê?, já estava claro, o compromisso era com meus colegas, não queria que zombassem de mim na aula, e já tinha a frase , não foi se eu não repetisse isso que eu já tinha feito.

Chegando na competição, pelo método de eliminação direta, ganhei as três ou quatro lutas, e lá cheguei com meu troféu para mostrar aos meus companheiros. Nós três que representamos a Universidade La Gran Colombia voltamos como campeões nacionais em nossas respectivas categorias.

Esquecendo de ser campeão

Antes deste campeonato, e depois dele, na modalidade de Luta Olímpica, não voltei a ser campeão nacional, cheguei ao pódio, mas não consegui repetir o feito de ser campeão. (Na quarta parte deste livro explico o que aconteceu).

Depois tive grandes treinadores nacionais, que cuidavam da técnica, da tática, da estratégia, da fisicalidade, mas nenhum deles voltou a trabalhar a mente, e como estava com quem sabia, esqueci esse mapa, esqueci desse jeito, não Não preste atenção nisso de novo., um método "momentâneo" havia chegado em minha vida e, assim que chegou, foi embora, e só me lembrei seriamente desse assunto novamente 26 anos depois, ao escrever este livro.

Parte Quatro Nos Ombros dos Gigantes

Na segunda parte do livro, é compartilhado um método através do qual fornece alguns insights sobre como aperfeiçoar a visão. E embora não exista nenhuma universidade que tenha o título exclusivo de "Melhore sua visão para um recorde" ou algo parecido. E é certo, como foi visto na terceira parte, que existem muitas maneiras ou formas de fazer isso, e aqui compartilhamos outra forma de alcançar seus verdadeiros propósitos.

Nesta parte, então, é apropriado olhar para aqueles **GIGANTES** , com quem podemos aprender, aprender com aqueles que estão na vanguarda e "copiar" o que eles fizeram é sábio, embora culturalmente pareça que estamos predestinados a acreditar que copiar é ruim.

Você poderia dizer que copiar exatamente não é possível, mas se isso pode lhe dar uma ideia clara de como eles fizeram isso, e como você poderia fazer, ou como você pode fazer melhor, Hombros de Gigantes se baseia no fato que só conseguimos fazer grandes coisas, quando entendemos o trabalho daqueles que nos precederam, é subir a escada do conhecimento na área para continuar avançando. Não é começar do zero, não, é avançar, o progresso da civilização como a conhecemos se baseia nisso.

4 Princípios

A primeira vez que ouvi falar de um empresário que era dono de mais de cem empresas, de uma centena de indústrias diferentes, não de filiais, mas de uma centena de empresas completamente diferentes, lembro-me de ter começado a prestar atenção. Comecei a estudar e refletir sobre como eles faziam isso. Como foi possível para uma pessoa com um negócio gerir uma carga de trabalho tão esmagadora? Em contraste, figuras como Carlos Slim e Li Ka-shing possuíam 150 e 300 empresas respectivamente. Eram empresas gigantes espalhadas por todo o mundo, líderes indiscutíveis nos seus campos e territórios. Eles tinham planos de expansão e crescimento que pareciam imensuráveis. Ao investigar as biografias dessas pessoas, descobri como elas começaram, como surgiram e o que realmente fizeram. Conhecer o tremendo impacto de suas conquistas é fascinante.

Esses empreendedores excepcionais tiveram a capacidade de descobrir como ter sucesso nos mercados em que ingressaram. Eles identificaram os princípios fundamentais que lhes permitiram se destacar. Se uma pessoa iniciasse um pequeno negócio, muitas vezes ficava sobrecarregada com a carga de trabalho. Embora eu tenha cursado dois cursos profissionalizantes relacionados ao tema, nenhum deles deu a resposta exata. Ninguém conseguia explicar o que estava acontecendo. Neste exercício descobri que existia algo mais, algo que escapou aos meus estudos anteriores. Se você está procurando uma explicação coerente e lógica de como esses empreendedores conseguiram construir tantas empresas em diversos setores, encontrou um livro que lhe dará respostas e compartilhará uma meditação sobre como isso pode realmente ser alcançado.

É fundamental compreender que todos temos um recurso limitado: o nosso tempo, que se reduz a 24 horas por dia, menos de um milhão de horas na vida. Alguns empreendedores começaram do zero, outros até menos zero, enquanto alguns tiveram algumas vantagens iniciais. Porém, o que é crucial é o resultado obtido, que em muitos casos é imensurável e colossal. O fato de ter começado com alguma vantagem não pode ser subestimado, pois muitos empreendedores fizeram seu nome de forma notável, sendo comemorados, reconhecidos e valorizados. Deixaram uma marca que perdura e que as gerações futuras aprenderam a valorizar.

Durante esta pesquisa, consegui identificar quatro princípios que cada um desses empreendedores começou a implementar ao longo do tempo. Esses princípios estão diretamente inter-relacionados:

1. Liderança empresarial
2. Headhunters delegam e formam equipes
3. Princípios e riqueza de Smith
4. Vimas

Para explicar metodologicamente se o que está dito nesta parte é correto ou incorreto, devo ser muito sincero. Alguns poderão argumentar que a coisa certa a fazer é seguir o exemplo de Napoleon Hill, que entrevistou numerosos empresários, durante um período de vinte anos. Porém, também é válido dizer que você pode usar a imaginação e a capacidade investigativa, ouvindo áudios e vídeos por horas. Pessoalmente, tenho dedicado muito tempo à escuta e compreensão, além de ler livros sobre diversos temas, tanto teóricos quanto de desenvolvimento humano.

Da mesma forma que os grandes pensadores imaginaram o funcionamento das constelações e das estrelas, o processo de desenvolvimento destes quatro princípios foi um esforço que durou muitos anos. Foi um trabalho de reflexão, pesquisa e indagação constante, mantendo a questão persistente na minha mente, para chegar a estes quatro princípios.

Liderança empresarial

A liderança empresarial vai além de simplesmente imaginar a direção futura da economia. Envolve estar constantemente em busca da próxima tendência, da inovação que definirá o padrão ou do próximo nicho de mercado a ser descoberto.

Neste processo, é fundamental compreender que a inovação nem sempre se traduz em criar algo completamente novo, mas também em reinventar e melhorar o que existe. Vejamos, por exemplo, o caso de um restaurante: embora o conceito em si possa não ser inovador, a verdadeira genialidade reside na forma como é implementado. É aqui que o líder empresarial demonstra sua capacidade de estruturar, conceituar e executar de forma única.

A previsão, combinada com a capacidade de identificar oportunidades e adaptar-se às mudanças nas demandas do mercado, é a essência da liderança empresarial. Assim, um líder não só antecipa a próxima grande tendência, mas também influencia ativamente a forma como esta se desenvolve e se adapta a ela, definindo o rumo para a sua equipa e para a sua organização como um todo.

Liderar envolve entrar em campos completamente inexplorados, um tipo de liderança reservado a quem compartilha o espírito de exploradores, que se aventuram no desconhecido. Esta é a liderança dos conquistadores, daqueles visionários que não apenas criam novas indústrias, mas também as elevam ao próximo nível.

Estamos falando da liderança dos pioneiros, daqueles que inventam ou inovam, abrindo caminho para o clube dos verdadeiros inovadores. São estes líderes que desafiam limites, inspiram outros a seguir os seus passos e, em última análise, transformam não apenas as suas próprias organizações, mas também todo o panorama empresarial.

Observar o que os outros não percebem, compreender e antecipar os próximos acontecimentos é essencial. Compreender como os principais paradigmas estão em constante mudança redefine o que hoje é considerado verdade nos negócios, bem como o que funciona no mundo dos negócios. Novas tecnologias e avanços contínuos estão transformando completamente o cenário, exigindo uma capacidade constante de adaptação para se manterem atualizados neste ambiente de negócios em constante evolução.

A cidade está passando por uma mudança significativa na forma como consumimos e, de fato, o mundo inteiro está passando por uma transformação a cada revolução tecnológica. Tudo está em constante mudança e compreender, antecipar e adaptar-se a esta dinâmica é fundamental. Um líder não só antecipa, mas também documenta e treina, permitindo assim que as coisas aconteçam dentro e fora da sua organização. Sua capacidade de liderar proativamente essas mudanças é essencial para o sucesso e a relevância em um ambiente em constante evolução.

Headhunter e delegado

O talento das pessoas nasce ou é criado? É uma questão crucial, e a resposta é que nasce e se faz, pode ser desenvolvido, ou talvez o seu talento já exista em algum nível. É essencial levar essas perspectivas em consideração ao avaliar os talentos ao seu redor. Você pode descobrir talentos tanto dentro da sua empresa quanto em pessoas que ainda estão por chegar. Às vezes, os talentos estão em lugares inesperados e a habilidade excepcional consiste em transformar uma pessoa comum em alguém extraordinário.

Pode chegar a hora de todo ser humano fazer algo extraordinário. Este momento é crucial, e é preciso observar atentamente quando ele chega, qual é o momento certo, qual é o momento exato em que a vida, as circunstâncias e as situações levam cada ser humano a oferecer o melhor de si ou a se preparar mentalmente para faça isso. Pode ser que você esteja no momento certo ou perto dele, precisando daquela voz de sabedoria e incentivo que lhe permitirá dar esse grande passo e desenvolver seu potencial de forma imensurável.

Estas são as chaves para iniciar uma nova organização ou empresa. Há momentos em que os seres humanos estão prontos e dispostos. Quando dizemos a frase 'chegou a hora', é fundamental ter paciência e aprender a identificar como podemos garantir que as pessoas que irão trabalhar connosco, com quem iremos formar equipa, estejam sempre preparadas para desenvolver o seu máximo potencial . Isto é possível desde que partilhemos princípios, sendo essenciais para caminharmos em direção a uma organização que consiga atingir objetivos interessantes.

Grandes empregadores têm se destacado pela capacidade de identificar e atrair os melhores talentos em diversas áreas. O verdadeiro talento tem um valor incalculável, pois com ele é possível iniciar novas indústrias, conquistar fatias de mercado, alcançar avanços e progressos significativos. Encontrar e reter esse talento é um dos principais objetivos que os empreendedores de destaque devem perseguir. Assistir a eventos e participar em reuniões diversas são estratégias fundamentais, pois é nestes contextos onde poderá encontrar o talento que a sua empresa, o seu negócio ou a sua próxima iniciativa empresarial procura.

Pode-se argumentar que todos possuem um potencial inerente; No entanto, é crucial aprender como selecionar talentos adequadamente. É preciso também cultivar a capacidade de empoderar as pessoas comuns, dando-lhes o grau de autonomia necessário para que possam extrair o melhor de si e apresentar o inventário completo da sua história pessoal. Isto lhes permitirá assumir com sucesso os grandes objetivos e desafios que lhes propomos, surpreendendo-nos com as suas conquistas.

Neste sentido, ao descobrir vários tipos de talentos, pode-se argumentar que a área mais vital dentro dos departamentos de uma empresa é o departamento de talentos humanos. Este departamento tem a responsabilidade crucial de selecionar a pessoa mais qualificada e excecional, uma vez que será responsável pela contratação e subcontratação de todo o pessoal necessário, tendo em conta as necessidades, expectativas e exigências atuais, bem como a formação futura. A assimilação efetiva deste talento contratado é fundamental, pois busca-se que todos estejam completamente alinhados com o que realmente se deseja alcançar.

É essencial consolidar uma estrutura organizacional baseada numa seleção ampla, abundante e melhorada de talentos humanos. O objetivo é que os colaboradores sintam constantemente vontade, desejo e fervor de aprender e treinar, melhorando continuamente suas competências e habilidades. Dessa forma, a organização será alicerçada em uma liderança que reconhece e valoriza amplamente os talentos. Isso permitirá que a empresa supere com sucesso os diversos desafios e obstáculos que surgem em seu caminho.

Aprender a incorporar talentos de várias idades é crucial, uma vez que tanto a experiência acumulada como os novos conhecimentos em novas tecnologias são contribuições valiosas. A presença de jovens talentos é especialmente importante para levar as empresas ao próximo nível. Este fenómeno é evidente, especialmente nas empresas tecnológicas, onde se tem observado que são os jovens que, com o seu conhecimento de novas ferramentas e tecnologias, têm feito avanços significativos e impulsionado mudanças disruptivas nos vários tipos de negócios que se estabeleceram. , consolidado e formalizado.

Quando você tem experiência e é veterano, é fundamental investir e reinvestir em projetos que estejam de olho nas inovações. A indústria está em constante repensar, mesmo quando já existe um produto acabado e amplamente distribuído no mercado. Sabemos que a próxima grande inovação está a caminho. Tudo é suscetível à inovação; nada pode permanecer completamente estático ao longo do tempo. Mesmo na indústria alimentícia, com o passar do tempo, os produtos são aprimorados e aperfeiçoados, juntamente com diversas formas de apresentação e modelos de negócios para alcançar melhores vendas.

Assim, um dos pilares fundamentais para a construção de grandes empresas reside na obtenção de lideranças sólidas, capazes de compreender estes conceitos e adquirir os melhores talentos disponíveis. Uma grande empresa é construída com base nos melhores talentos disponíveis ou naqueles que sua liderança ajuda a desenvolver. O objetivo é que cada indivíduo que integre a sua equipe sinta, em cada célula do seu corpo, o impulso de oferecer o melhor de si, empregando toda a sua capacidade para obter resultados marcantes, já que chegou a sua hora.

Depois de identificar e garantir talentos, o próximo passo é a delegação: criar um plano de trabalho e atribuir responsabilidades. É fundamental traçar um plano claro que defina onde se quer chegar, quais os objetivos perseguidos e quais as ações executivas para alcançá-los. Nesse ponto, você pode focar no acompanhamento, principalmente quando se trata de gerenciar uma equipe grande, até mesmo várias empresas. À medida que a equipa de acompanhamento se expande, é crucial delegar de forma eficiente e considerar a infusão de capital, a procura de parcerias e a criação de novas empresas em diferentes indústrias. A correta implementação destes conceitos em todo o território onde está inserido é essencial para um crescimento sustentado.

Fornecer bases para que eles aprendam a formar equipes é fundamental, principalmente garantindo um profundo entendimento desse processo. É de extrema importância que cada novo empreendimento tenha clareza absoluta, principalmente na área de talento humano. Esta área é responsável por adquirir todos os talentos necessários ao funcionamento eficiente da sua organização.

Agora, a liderança correta será acompanhada pelos melhores talentos, e os melhores talentos conseguirão levar as organizações a permanecerem no pódio global da competição empresarial.

Princípios e riqueza de Smith

Falar sobre os princípios da riqueza significa simplesmente referir-se aos quatro princípios que o ilustre Adam Smith detalhou no seu renomado e amplamente citado livro "A Riqueza das Nações". Nesta obra, que leva o nome completo de "Investigação sobre a Causa e a Natureza da Riqueza das Nações", são abordadas em cinco volumes as medidas que uma nação pode adotar para enriquecer e avançar no desenvolvimento. Da mesma forma, Smith explora as ações que tanto uma empresa como um país devem evitar para evitar desviar-se deste caminho.

Neste contexto, segundo Adam Smith, existem quatro princípios de extrema importância para facilitar um processo de avanço ou geração de riqueza. O primeiro princípio é a subdivisão do trabalho, seguido da especialização como segundo, da construção de ferramentas como terceiro, e tudo isto deve ser enquadrado na dimensão do mercado público, que constitui o quarto princípio segundo Smith.

A subdivisão do trabalho, segundo Adam Smith, o cativa completamente quando observa a atividade na famosa fábrica de alfinetes. Lá, ele percebe que um homem não consegue produzir mais de 20 alfinetes por dia, mas por ter 10 homens, cada um especializado em uma tarefa específica, conseguem fazer 4.800 alfinetes por dia. Este aumento de 460 alfinetes por dia para cada homem foi crucial para Smith prever o surgimento iminente da revolução industrial. Este conceito é extremamente importante para projetos futuros, pois destaca a necessidade de aprender a subdividir o trabalho.

Uma correta subdivisão do trabalho em diversas atividades, cada uma apoiada por um talento específico, permite florescer a especialização. Quando uma pessoa mergulha em uma atividade repetitiva que exige sua habilidade única, ela pode desenvolver um nível de domínio e especialização. Essa abordagem contínua e repetitiva do trabalho leva a melhorias constantes. Em uma organização onde cada indivíduo atua em sua área de especialização por meio da subdivisão, o aprimoramento e a excelência se expandem em cada segmento. Esse processo, da subdivisão à especialização, é essencial para alcançar um desempenho excepcional no trabalho.

Ter pessoal totalmente especializado em cada área do negócio confere uma vantagem competitiva significativa. Isso coloca a empresa em uma trajetória de crescimento contínuo, atingindo metas, cumprindo objetivos e explorando novos mercados e inovações. A especialização permite que cada indivíduo se aprimore constantemente naquilo que lhe apaixona, o que é fundamental para que a organização se torne cada vez mais competente e competitiva.

Segundo Smith, depois da especialização vem a construção de ferramentas. Ele descreve o filósofo como alguém que examina como otimizar o processo produtivo para atingir maiores quantidades em menos tempo, impulsionando avanços significativos. Esta abordagem envolve o desenvolvimento de ferramentas tecnológicas mais eficientes, evitando perda de tempo. Quem se especializa em uma parte do processo é quem, com o tempo, consegue gerar também suas próprias ferramentas, observação que tem sido confirmada em diversas indústrias e setores.

Quando estes três princípios são aplicados no contexto da dimensão do mercado público, tanto para uma empresa como para uma nação, o resultado é um crescimento exponencial considerável. A dimensão do mercado revela-se um factor crucial, uma vez que iniciar um negócio numa cidade de vinte mil habitantes difere significativamente de fazê-lo num mercado de 7 ou 8 milhões de pessoas. Os profissionais de marketing aprenderam que o tamanho do mercado é fundamental na criação de riqueza. Uma empresa bem localizada, com grande fluxo de clientes, está destinada a crescer, expandir-se e progredir. Por outro lado, observámos que os empreendedores em áreas com potencial são muitas vezes limitados pela dimensão do mercado, impedindo-os de concretizar todo o seu potencial.

Um empreendedor tem plena capacidade de aprender a lidar com os quatro princípios de Smith. Você é incentivado a compreender o tamanho do seu mercado-alvo e a contratar os melhores talentos para que eles se sintam confiantes e realizem todo o seu potencial. Embora a subdivisão do trabalho possa sugerir a necessidade de contratar mais pessoal, é crucial olhar para ela na perspectiva da eficiência e da produtividade. Um foco excessivo na subdivisão sem considerar a eficiência pode levar a uma folha de pagamento gigantesca, contraproducente ao crescimento, uma vez que as despesas poderiam absorver o lucro do negócio. É fundamental compreender e aplicar o tamanho do mercado público, conforme explica Adam Smith.

Vimas

Aprender a orientar, a liderar uma equipe quando nem todos sabem o rumo futuro, implica ter fé, certeza e confiança em si mesmo. Exige trabalho árduo e intenso, mas com a convicção de que grandes objetivos podem ser alcançados. No modelo que aqui apresentamos, denominado 'VIMAS', a sua chave está em focar na obtenção de resultados significativos. Ao implementar este modelo, não apenas grandes objetivos são alcançados, mas a equipe também fica capacitada para desenvolver planos de trabalho eficazes. Isto, por sua vez, permite monitorizar e avaliar o progresso e as conquistas individuais, constituindo um elemento essencial da liderança.

Projetar um modelo simplificado que conecte a visão à ação é fundamental para manter a equipe focada e garantir um acompanhamento eficaz. Como pode ser visto nas duas primeiras partes deste livro.

Grandes empresários

Acompanhando o relatório A Hombros de Gigantes, compartilho aqueles que sem dúvida foram e são grandes referências no mundo dos negócios, que preencheram agendas de trabalho cumprindo metas e alcançaram os sonhos ou visão que se propuseram, e servem de exemplo para gerações de futuros empreendedores.

Henry Ford teve a visão de democratizar o automóvel, tornando-o acessível ao público em geral. Para isso, ele introduziu a linha de montagem e os processos de produção padronizados, com destaque para o Modelo T, um automóvel acessível que transformou a indústria de transportes.

Andrew Carnegie: A visão de Andrew Carnegie estava focada em liderar a indústria siderúrgica. Seus objetivos incluíam o domínio na produção de aço, que ele alcançou implementando eficiências de produção e adquirindo empresas concorrentes. Carnegie tornou-se um magnata do aço e um notável filantropo.

Bill Gates queria colocar um computador em cada casa. Para concretizar esta visão, ele foi cofundador da Microsoft e desenvolveu software para PC, principalmente o sistema operacional Windows. Seu foco na computação pessoal e no desenvolvimento tecnológico fez dele uma figura chave na revolução tecnológica.

Elon Musk tem a visão de facilitar a colonização de Marte. Para atingir esse objetivo audacioso, ele fundou a SpaceX, desenvolveu foguetes reutilizáveis e veículos elétricos avançados com a Tesla. A sua abordagem disruptiva e tecnologicamente avançada transformou as indústrias espacial e automóvel elétrica.

Steve Jobs, cofundador da Apple, foi uma força motriz na revolução tecnológica do consumidor. Sua visão se concentrava na criação de produtos que mudariam a forma como as pessoas interagem com a tecnologia. Com o lançamento de produtos icónicos como o iPod, o iPhone e o iPad, Jobs não só transformou a Apple numa das empresas mais valiosas do mundo, como também deixou uma marca indelével na forma como vivemos e trabalhamos. Seu foco no design elegante, na simplicidade e na integração de hardware e software definiu a estética e a funcionalidade da tecnologia moderna. A capacidade de Jobs de antecipar as necessidades do mercado e de levar produtos inovadores ao consumidor são fundamentais para compreender o seu impacto na história empresarial e tecnológica.

Coco Chanel revolucionou a moda feminina com a visão de criar um estilo elegante e funcional. Seu objetivo era estabelecer a marca Chanel, conseguida através da introdução de peças icónicas como o "Little Black Dress". Chanel se destacou por sua abordagem inovadora em design e elegância.

Warren Buffett, conhecido por seu foco em investimentos e crescimento sustentado, construiu a Berkshire Hathaway. O seu principal fator de sucesso reside numa estratégia de investimento de longo prazo e em aquisições inteligentes, tornando-se um dos homens mais ricos do mundo.

Nesta parte não poderia faltar uma breve alusão aos mais destacados fundos de investimento, que elevam o espírito empreendedor ao mais alto nível, e sobre os quais pouco se fala, mas que agregam conglomerados importantes nos principais mercados.

O Vanguard Total Stock Market Index Fund distingue-se pela sua abordagem diversificada, com milhares de empresas no seu portfólio. Seu principal fator de sucesso reside em oferecer aos investidores um investimento de baixo custo, que acompanha índices e proporciona ampla diversificação no mercado de ações.

O SoftBank Vision Fund, conhecido pela sua diversificação em setores tecnológicos e emergentes, teve um impacto significativo. O seu principal factor de sucesso é o financiamento maciço a empresas tecnológicas de elevado crescimento, apoiando inovações disruptivas no mercado global.

A Berkshire Hathaway, liderada por Warren Buffett, construiu um portfólio diversificado em vários setores ao longo dos anos. O seu principal factor de sucesso reside numa estratégia de investimento a longo prazo, combinada com a sabedoria de Buffett na selecção de investimentos e gestão empresarial.

A Sequoia Capital se destaca pelo foco em tecnologia e empresas inovadoras. O seu principal fator de sucesso inclui uma forte rede de contactos e aconselhamento estratégico, que tem contribuído para o sucesso de inúmeras startups do seu portefólio.

A Tiger Global Management se destaca pelos investimentos globais, principalmente em tecnologia e startups. Seu principal fator de sucesso está na busca ativa por empresas de alto crescimento, apoiando empreendimentos que demonstrem potencial significativo no mercado.

A Index Ventures conquistou posição de destaque com investimentos em tecnologia e startups. O seu principal fator de sucesso reside no foco nas fases iniciais e na estreita associação com empreendedores, contribuindo para o desenvolvimento bem-sucedido de empresas inovadoras.

Por fim, aprender com os grandes nomes da área é vital para subir o próximo degrau e vislumbrar onde você realmente quer chegar.

Erros da quinta parte

Evite cometer esses erros

Errar é inerente ao processo de crescimento e aprendizagem humano; São lições que nos lapidam com o tempo. A chave está em aprender com os próprios erros e, o que é ainda mais desafiador: aprender com os erros dos outros, com os próprios sucessos e com os sucessos dos outros.

Aprender com os sucessos parece uma tarefa completamente fácil, lógica e coerente. Mas geralmente, quando as coisas vão bem, presumimos que sabemos o porquê, sem refletir verdadeiramente sobre a razão por trás desse sucesso. No contexto das vendas, por exemplo, é fundamental perguntar se uma venda foi bem sucedida e, mais ainda, perceber quais os elementos que contribuíram para esse sucesso. Ao nos questionarmos sobre o que fizemos de bom em uma venda, podemos identificar aspectos-chave que nos levaram ao sucesso. Esta autoavaliação constante é essencial para o crescimento e melhoria, pois mesmo numa venda bem sucedida há sempre áreas importantes que podem ser afinadas.

Da mesma forma, aprender com o sucesso de outras pessoas é uma tarefa complexa. Muitas vezes as pessoas conseguem identificar que algo correu bem, mas pode ser difícil analisar conscientemente porque foi bem sucedido. Ao refletir sobre o sucesso dos outros, deparamo-nos com o desafio de que a própria pessoa pode não ter compreendido totalmente as razões do seu sucesso. Este processo torna-se ainda mais complicado quando tentamos compreender o sucesso das empresas ou dos indivíduos ao nível do mercado. Concluir qual foi o sucesso que levou ao sucesso pode ser complicado, pois até mesmo historiadores ou biógrafos podem interpretar mal ou cometer erros ao descrever o que realmente aconteceu.

Nesse sentido, compreender e compreender os sucessos envolve aprofundar-se nos detalhes e analisar conscientemente cada elemento que contribuiu para o sucesso. Este nível de compreensão pode ser desafiador, mas é essencial para aplicar lições significativas e alcançar a excelência em qualquer área.

Na esperança de que esses erros sejam úteis para o leitor evitar cair neles.

Borrão

A falta de clareza na visão ou no sono é um dos principais erros no desenvolvimento da metodologia Vimas. Sem uma compreensão clara de onde você quer chegar, você pode cometer erros de foco e direção. Embora seja possível alcançar muitas coisas sem uma visão clara, o resultado final pode não ser o desejado. A ausência de um rumo definido dificulta a compreensão do resultado que você realmente deseja em sua vida. Essa falta de clareza se torna um obstáculo e, com o passar das décadas, você pode perceber que não atingiu o nível que deseja.

É verdade que você pode chegar a um nível, mas às vezes você não percebe até onde poderia ter chegado. A princípio, é difícil imaginar até onde você pode ir. Por exemplo, quando me concentrei em ser campeão nacional, foi a melhor coisa que pude imaginar naquela altura. Não pensei nas Olimpíadas porque nem sabia que elas existiam. Um atleta que se concentra em competições nacionais pode perder a oportunidade de almejar níveis mais elevados. Isto se aplica a diversas áreas; Focar em ser campeão olímpico ou mundial envolve uma mentalidade e um nível de intensidade diferentes, e o trabalho necessário para atingir esses objetivos é considerável, e todos temos as mesmas 24 horas.

O nadador olímpico Michael Phelps, por exemplo, concentrou-se em ir mais longe e quebrar todos os recordes olímpicos na sua modalidade desportiva. Ele alcançou esse objetivo de forma tão notável que estabeleceu um padrão muito elevado para os atletas que o seguiram, possivelmente nas próximas décadas ou mesmo séculos. A sua dedicação e conquistas não só marcaram a história olímpica, mas também ilustram como uma abordagem ambiciosa pode influenciar o futuro de uma disciplina desportiva.

Olhando para trás, percebo que essa falta de clareza na minha visão e nos meus objetivos me impediu de atingir todo o meu potencial. Eu poderia ter dado mais e conseguido muito mais se tivesse uma visão clara e acreditasse nas minhas habilidades desde o início. Esta reflexão ensinou-me que embora não possamos mudar o passado, podemos aprender com ele e usar essa sabedoria para avançar em direção ao futuro. É fundamental ter uma visão clara de onde queremos chegar e acreditar nas nossas capacidades para desafiar os nossos limites e alcançar grandes coisas na vida.

É fundamental ter em mente que tudo o que você propõe pode se tornar realidade se você trabalhar constantemente e com foco nisso. Porém, é fundamental garantir que as metas traçadas estejam alinhadas com o resultado que você realmente deseja alcançar. Ou seja, seus objetivos devem ser um reflexo preciso dos seus sonhos e aspirações mais profundos.

Às vezes, as pessoas alcançam resultados extraordinários que excedem o que originalmente se propuseram a fazer. Isso mostra que com esforço e determinação você pode se surpreender e conseguir mais do que esperava. Por outro lado, também é possível que você consiga um resultado sensacional que não esperava. Este cenário destaca a importância de manter a mente aberta e estar disposto a se adaptar às oportunidades e desafios que possam surgir no caminho para atingir seus objetivos.

Estabeleça metas, certifique-se de que elas estejam alinhadas com o resultado que você realmente deseja alcançar na vida. Permaneça flexível para se adaptar às circunstâncias e esteja aberto às surpresas que possam surgir no seu caminho para o sucesso. Com determinação, foco e uma visão clara, você pode trabalhar em direção aos seus objetivos com confiança, sabendo que está dando passos concretos em direção ao resultado que realmente deseja.

Os objetivos ficam claros quando a visão de onde você quer chegar é clara. Você pode traçar metas para ser campeão nacional, mas também ser campeão sul-americano, pan-americano ou em diferentes níveis de um ciclo olímpico. Desenvolver metas alinhadas com a visão permite que você busque resultados específicos. Seja concentrando-se em quebrar recordes olímpicos em seu esporte ou superando os recordes em seu setor, é crucial saber o que bater. É assim que o seu nome pode perdurar na história universal das grandes inovações empresariais.

Quando os objetivos estão enraizados numa visão absolutamente clara, as atividades executadas e as ideias que você gera para realizá-las são completamente diferentes. Por exemplo, as estratégias para vender US$ 10.000 por dia são diferentes daquelas projetadas para atingir a meta de vender US$ 100.000 por dia. A visão define não apenas o objetivo final, mas também a natureza e o escopo das ações que você realiza para alcançá-lo.

O que realmente diferencia uma agenda de trabalho de outra, ou um brainstorming de outro, é a visão e a clareza sobre onde você realmente quer chegar. Uma vez que isso esteja claro, a chave é manter o rastreamento adequado, pois ele informa o quão perto ou longe você está do verdadeiro ponto que deseja alcançar. Nesse processo, você notará que, à medida que acompanha, você fica cada vez mais perto. Aproveite o processo, viva cada dia e experimente todas as emoções que isso pode gerar.

Ele comete erros

É melhor tentar e errar do que nunca tentar nada. Evitar cometer erros pode se tornar um freio destrutivo às ideias mais fundamentais. O medo associado à possibilidade de cometer erros pode ser paralisante. Embora existam coisas imprevisíveis, se os seus sonhos forem claros e a visão bem definida, e você estiver determinado a atingir cada objetivo, quaisquer problemas ou obstáculos, até mesmo erros, serão resolvidos com o tempo. A ação e a vontade de aprender com os erros são componentes essenciais do caminho para o sucesso.

É fundamental lembrar que trabalhamos com seres humanos e os erros são inerentes à nossa natureza. Tanto sua equipe quanto você cometerão erros. Estar preparado para isso significa dar-lhes a oportunidade de aprender com os seus erros. Implementar liderança baseada na aprendizagem através do erro é fundamental. Permite não só a correção de erros, mas também o crescimento e desenvolvimento contínuos. Avançar com esta abordagem contribui para um ambiente onde a melhoria constante é valorizada e se torna parte integrante do processo.

O medo de errar tem sido a barreira que tem impedido muitos homens de conquistarem a mulher de suas vidas. Muitas ideias inovadoras estão enterradas no cemitério do esquecimento por medo de errar. As empresas que poderiam existir no mercado simplesmente não decolaram porque alguém em algum momento teve medo de dar o passo necessário. Este medo pode ser um obstáculo significativo, mas também destaca a importância de encarar os erros como oportunidades de aprendizagem e crescimento, em vez de fracassos definitivos.

Não espere para saber tudo

O desejo de perfeição é compreensível e todos aspiramos a fazer as coisas certas desde o início. Contudo, é importante reconhecer que nem tudo pode ser aprendido ou dominado imediatamente. Imagine um relacionamento, um casamento ou o processo de nascimento. Você não pode prever tudo desde o início.

Por exemplo, contar ao seu parceiro que você vai ter gêmeos e está passando pelo processo de gravidez e parto envolve desafios e mudanças surpreendentes. A paternidade também tem suas complexidades. Se nos concentrarmos apenas nos problemas e dificuldades, será difícil dar o passo para a construção de uma família. Mas partimos com fé e esperança num futuro melhor, sem conhecer antecipadamente todos os desafios.

Da mesma forma, quando começamos a estudar, é impossível imaginar tudo o que nos espera do primeiro ao último dia, até o dia da formatura. Alguns não conseguem terminar por pressão, estresse, trabalho, desafio de ultrapassar os próprios limites de conhecimento, madrugadas, noites sem entender um assunto e a preocupação constante de perder um semestre. São processos difíceis, mas fazem parte do caminho que devemos seguir para avançar. Portanto, não espere saber tudo desde o início. Aprender e superar obstáculos são essenciais para avançar. Dê a si mesmo o tempo necessário, tudo é um processo.

Ao longo do caminho, você aprenderá o que precisa e adquirirá lições valiosas de grandes professores. Este caminho lhe dá a oportunidade de corrigir e aperfeiçoar. O fundamental é manter sempre uma atitude de aprendizagem, reconhecer que aprender é divertido e estar em constante processo de aquisição de conhecimentos. Isto não só irá melhorar o seu humor, mas também irá lembrá-lo de que estamos focados na visão que temos e no que queremos alcançar. Manter esse propósito permitirá que você consolide, ao longo do tempo, o que realmente deseja alcançar.

Concentre-se no que você quer

O mapa histórico da terceira parte do livro apresenta outro mapa que enfoca o comprometimento. Nesse contexto, destaca-se a importância de repetir constantemente um "grito de guerra", mantra que representa seus objetivos e aspirações. Neste exemplo, o grito de guerra foi "Vou vencer". A ideia é aplicar esse princípio à sua empresa, negócio, vida ou qualquer sonho que você esteja perseguindo. Ao adotar um grito de guerra e repeti-lo constantemente, você se sintoniza com o que precisa fazer, o que lhe dá motivação constante para avançar em direção aos seus objetivos.

Em vez de focar no que deseja, você comete o grave erro de focar nos problemas que surgem. Essa abordagem é prejudicial, pois ao focar nos problemas, nos erros e nas deficiências, enfrentamos dificuldades. Um exemplo disso é quando a empresa gerava menos de US$ 500 em vendas diárias, o que criou desafios no pagamento de serviços públicos e aluguel. Porém, a mente e a energia permaneceram focadas no objetivo desejado e, magicamente, ideias e energia positiva começaram a fluir para alcançar o resultado desejado. Esta história destaca a importância de manter a mente focada no objetivo, apesar dos obstáculos.

Absolutamente certo. Focar nos problemas enfraquece e consome nossa energia. Pode fazer com que, apesar das nossas ações positivas, retrocedamos em vez de avançarmos. A atitude positiva desempenha um papel crucial neste processo. O trabalho diário e constante, especialmente no atendimento aos nossos clientes, será refletido e apreciado. Manter uma mentalidade positiva e focar nas soluções em vez dos problemas nos permite superar obstáculos e avançar com sucesso em direção aos nossos objetivos.

Uma linda mensagem para encerrar. Concentre-se sempre no que você realmente quer pela manhã, comece o dia com a melhor atitude. No final da noite, reserve um momento para reconhecer e parabenizar-se por tudo de bom que você realizou naquele dia. Se não foi tão bom, não desanime; Cada novo dia é uma oportunidade para voltar aos seus objetivos. Não desista, continue, siga os passos aprendidos neste livro e desejo muito sucesso em todos os seus empreendimentos. Que a magnífica glória de Deus nosso Senhor Jesus Cristo o acompanhe para sempre. Amém.

Conclusão

Assim como comecei com a primeira frase, ela concluiu. Devo destacar o fascinante percurso desde o início até à conclusão deste projeto, um processo que tem vindo a melhorar constantemente até à sua conclusão.

Na primeira parte é narrada uma correlação entre uma experiência empresarial e a subida à montanha em busca de uma cachoeira. Essa experiência foi a inspiração para escrever este livro e dar-lhe um título significativo. A principal conclusão é que qualquer objetivo que alguém estabeleça na vida pode ser alcançado se houver verdadeira determinação para alcançá-lo.

A segunda parte descreve como qualquer pessoa, independentemente da sua cultura ou idiossincrasia, pode desenvolver e levar qualquer tipo de negócio ao próximo nível aplicando o método VIMAS, apresentado nesta secção.

A terceira parte ensina outro método para encontrar ou desenhar o mapa, enfatizando a importância de assumir um compromisso consigo mesmo e buscar compromissos com uma autoridade que gere verdadeira vergonha ou vergonha caso não seja alcançado. A importância de comunicar seus objetivos é destacada para manter um lembrete constante do motivo pelo qual você está buscando esses resultados.

A quarta parte apresenta princípios que surgiram ao longo dos anos em resposta à compreensão de como os empreendedores mais bem-sucedidos do planeta podem gerir e criar múltiplas empresas em diferentes setores, enquanto um empreendedor com um único projeto pode entrar em colapso devido ao trabalho e ao stress.

A parte final é dedicada aos possíveis erros que possam surgir. Eles são apresentados como uma rede de segurança para que o leitor evite cair neles e se beneficie ao antecipar os desafios que podem surgir na busca por grandes objetivos na vida.

No resumo do livro, entendemos os objetivos aparentemente inatingíveis, o foco em grandes sonhos e como, através de casos específicos, conclui-se que quando alguém se propõe e se determina a alcançar grandes sucessos na vida, finalmente os alcança. As pessoas não alcançam grandes coisas simplesmente porque não se concentram em alcançá-las. Quando alguém está determinado a pesquisar, examinar e cavar até chegar ao fundo, pode alcançar o que se propôs a fazer.

Vivemos numa sociedade em que os sonhos se desvanecem à medida que as crianças, sendo grandes sonhadoras, vêem diminuir a abundância das suas aspirações. À medida que crescem, a educação e as perceções mudam, influenciadas pelas experiências e resultados diários daqueles que nos são próximos: amigos, irmãos, família. Esses resultados têm uma influência significativa em nossas próprias conquistas.

Se nos cercarmos de amigos bem-sucedidos, se formos gratos e abençoarmos aqueles que prosperam, provavelmente alcançaremos resultados semelhantes também. No entanto, muitas vezes, quando alguém tem sucesso, a sociedade tende a excluí-lo em vez de procurar aprender com o seu sucesso.

É fundamental aprender a forjar e visualizar uma visão expansiva, cultivando sonhos e metas que parecem quase impossíveis. Inspirar grandes objetivos envolve a execução cuidadosa das atividades, seguida de um acompanhamento adequado. Esta metodologia de quatro pontos é simples, mas é complementada por aspectos fundamentais como hábito, persistência e valores que fortalecem o caráter humano, como insistir, resistir e nunca desistir.

Esta abordagem é essencial para ensinar as gerações futuras. Além de ensinar sobre a fé, é fundamental incutir neles a ideia de perseguir grandes sonhos. Para isso, é fundamental que seus filhos vejam você lutando, enfrentando desafios e persistindo na conquista de seus objetivos. Este processo de ensino não envolve apenas mostrar triunfos, mas também compartilhar fracassos e demonstrar que, aconteça o que acontecer, a perseverança e o trabalho constante são essenciais para alcançar o que se propõe a fazer.

A vida é maravilhosa, cheia de oportunidades e abundância para todos. Todos podemos desenvolver o nosso potencial máximo, mesmo os mais pequenos, que podem gerar mudanças significativas nas suas vidas. Pequenas ações podem levar a grandes transformações.

Parabenizo o leitor que chegou até aqui, pois ele se mostra alguém comprometido, possivelmente um dos que me enviará um e-mail dizendo: "Fiz meu primeiro plano, estou lá há 4 anos, consegui tal uma conquista." Não tenho dúvidas sobre as capacidades; Na verdade, a certeza de que este livro será útil a quem o receber enche-me de entusiasmo. Estou ansioso para saber como você aplica esse conhecimento na vida e como o transmite aos seus filhos, pois ensinar essas lições é fundamental para passá-las de geração em geração.

Os grandes feitos da vida são frutos de pessoas que decidiram deixar um legado e fazer coisas extraordinárias. Ao estabelecer metas, eles tinham certeza de que iriam alcançá-las, mesmo quando as pessoas ao seu redor duvidavam. Determinação, propósito e disposição são fundamentais para alcançar ótimos resultados; Somente aqueles que realmente se dedicam a isso podem alcançá-lo.

É fundamental notar que quem nunca se propôs a algo grande na vida nunca conseguirá nada. É injusto esperar resultados surpreendentes sem preparação ou interesse. Este princípio reflecte-se nas heranças: aqueles que estão mal preparados para as receber podem ter uma percepção distorcida da criação de riqueza. Com o tempo, a sabedoria convencional alerta para a possibilidade de que, após gerações, a riqueza mal gerida acabe em dificuldades.

Enfrentar obstáculos e desafios é uma constante em todas as gerações. Somente aqueles que foram capazes de superá-los marcaram os grandes avanços da humanidade. A herança é importante, mas igualmente crucial é a forma como é gerida e investida. Cada geração enfrenta a tarefa de programar e concretizar os seus sonhos, aprendendo com os desafios anteriores e projetando um caminho para o sucesso, transmitindo esse conhecimento à próxima geração.

www.ingramcontent.com/pod-product-compliance
Lightning Source LLC
Chambersburg PA
CBHW060108260726
48658CB00004B/1459